LES
AUTEURS GRECS

EXPLIQUÉS D'APRÈS UNE MÉTHODE NOUVELLE

PAR DEUX TRADUCTIONS FRANÇAISES

L'UNE LITTÉRALE ET JUXTALINÉAIRE PRÉSENTANT LE MOT A MOT FRANÇAIS
EN REGARD DES MOTS GRECS CORRESPONDANTS
L'AUTRE CORRECTE ET PRÉCÉDÉE DU TEXTE GREC

avec des sommaires et des notes

PAR UNE SOCIÉTÉ DE PROFESSEURS

ET D'HELLÉNISTES

HOMÈRE
—
CHANTS XVII-XX DE L'ILIADE

EXPLIQUÉS LITTÉRALEMENT
TRADUITS EN FRANÇAIS ET ANNOTÉS

PAR M. C. LEPRÉVOST
Professeur au Lycée Bonaparte

PARIS

LIBRAIRIE DE L. HACHETTE ET Cie
RUE PIERRE-SARRAZIN, N° 14
(Quartier de l'École de Médecine)

LES
AUTEURS GRECS

EXPLIQUÉS D'APRÈS UNE MÉTHODE NOUVELLE

PAR DEUX TRADUCTIONS FRANÇAISES

Ces quatre chants de l'Iliade ont été expliqués littéralement, traduits en français et annotés par M. C. Leprévost, professeur au Lycée Bonaparte.

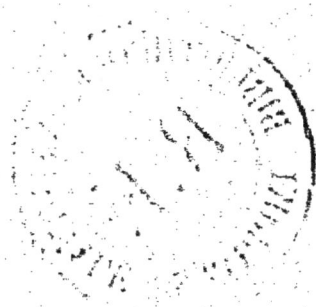

DE L'IMPRIMERIE DE CRAPELET, RUE DE VAUGIRARD, 9.

LES
AUTEURS GRECS

EXPLIQUÉS D'APRÈS UNE MÉTHODE NOUVELLE

PAR DEUX TRADUCTIONS FRANÇAISES

L'UNE LITTÉRALE ET JUXTALINÉAIRE PRÉSENTANT LE MOT A MOT FRANÇAIS
EN REGARD DES MOTS GRECS CORRESPONDANTS
L'AUTRE CORRECTE ET PRÉCÉDÉE DU TEXTE GREC

avec des sommaires et des notes

PAR UNE SOCIÉTÉ DE PROFESSEURS

ET D'HELLÉNISTES

HOMÈRE

CHANTS DIX-SEPT A VINGT DE L'ILIADE

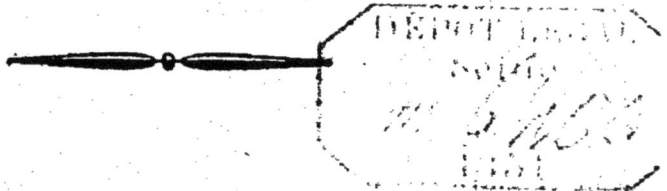

PARIS

LIBRAIRIE DE L. HACHETTE ET Cᵉ

RUE PIERRE-SARRAZIN, Nº 14

(Près l'École de Médecine)

1852

AVIS

RELATIF A LA TRADUCTION JUXTALINÉAIRE.

On a réuni par des traits les mots français qui traduisent un seul mot grec.

On a imprimé en *italiques* les mots qu'il était nécessaire d'ajouter pour rendre intelligible la traduction littérale, et qui n'avaient pas leur équivalent dans le grec.

Enfin, les mots placés entre parenthèses doivent être considérés comme une seconde explication, plus intelligible que la version littérale.

ARGUMENT ANALYTIQUE

DU DIX-SEPTIÈME CHANT DE L'ILIADE.

———

Douleur de Ménélas, lorsqu'il apprend la mort de Patrocle. — Il s'avance pour protéger les restes inanimés de son ami. — Il immole Euphorbe, mais il est repoussé par le valeureux Hector, qui marche sous les auspices d'Apollon. — Ménélas en se retirant cherche Ajax de tous côtés, et, dès qu'il l'aperçoit, il l'invite à voler à la défense du corps de Patrocle. — Hector recule devant Ajax. — Reproches de Glaucus qui ramène au combat le héros troyen. — Hector revêt les armes d'Achille et excite ses guerriers à combattre. — De son côté Ménélas appelle auprès de lui les plus vaillants des Grecs. — Une lutte acharnée s'engage autour des restes de Patrocle. — Carnage affreux de part et d'autre. — Les coursiers d'Achille, éloignés du champ de bataille, pleurent la mort de Patrocle. — Jupiter leur inspire une force nouvelle; Automédon les ramène au combat. — Aussitôt le char est attaqué par Hector, par Énée et par d'autres guerriers. — Les chevaux, grâce à leur vitesse, échappent aux poursuites des Troyens. — Minerve souffle à Ménélas une généreuse ardeur. — Apollon ranime Hector, et Jupiter jette l'épouvante parmi les Grecs. — Exploits d'Hector. — Les Grecs plient. — Effroi d'Ajax; par ordre de ce héros, Ménélas envoie Antiloque annoncer à Achille la mort de Patrocle et la défaite des Grecs. — Ménélas et Mérion soulèvent le corps, et, protégés par les deux Ajax qui repoussent l'ennemi, ils le rapportent vers le camp.

———◆———

ΟΜΗΡΟΥ

ΙΛΙΑΔΟΣ

ΡΑΨΩΔΙΑ Ρ.

—————

ΑΡΙΣΤΕΙΑ ΜΕΝΕΛΑΟΥ.

Οὐδ' ἔλαθ' Ἀτρέος υἱὸν, Ἀρηίφιλον Μενέλαον,
Πάτροκλος Τρώεσσι δαμεὶς ἐν δηϊοτῆτι.
Βῆ δὲ διὰ προμάχων, κεκορυθμένος αἴθοπι χαλκῷ·
ἀμφὶ δ' ἄρ' αὐτῷ βαῖν', ὥς τις περὶ πόρτακι μήτηρ,
πρωτοτόκος, κινυρὴ, οὐ πρὶν εἰδυῖα τόκοιο·   5
ὣς περὶ Πατρόκλῳ βαῖνε ξανθὸς Μενέλαος.
Πρόσθε δέ οἱ δόρυ τ' ἔσχε καὶ ἀσπίδα πάντοσ' ἐΐσην,
τὸν κτάμεναι μεμαὼς ὅστις τοῦγ' ἀντίος ἔλθοι.
Οὐδ' ἄρα Πάνθου υἱὸς ἐϋμμελίης ἀμέλησε

Le fils d'Atrée, Ménélas chéri de Mars, est informé que Patrocle a
péri dans la mêlée sous les coups des Troyens. Il s'avance aux premiers rangs, couvert d'une brillante armure; il marche autour du
héros pour le protéger, comme on voit tourner autour de son jeune
veau la génisse éplorée, qui, mère pour la première fois, n'a point
encore connu les douleurs de l'enfantement : ainsi s'empressait autour
de Patrocle le blond Ménélas. Il présente en avant du cadavre et sa
lance et son bouclier bien arrondi, impatient d'immoler quiconque
s'avancerait contre lui. Mais le fils de Panthoüs, habile à manier la

L'ILIADE

D'HOMÈRE.

CHANT XVII.

—◆—

SUPÉRIORITÉ DE MÉNÉLAS.

Πάτροκλος δὲ δαμεὶς	Or Patrocle ayant été dompté
Τρώεσσιν ἐν δηϊοτῆτι	par les Troyens dans le combat
οὐκ ἔλαθεν	ne fut point caché
υἱὸν Ἀτρέος,	au fils d'Atrée,
Μενέλαον Ἀρηΐφιλον.	à Ménélas cher-à-Mars.
Βῆ δὲ	Mais il (Ménélas) alla
διὰ προμάχων,	à travers les premiers-combattants,
κεκορυθμένος χαλκῷ αἴθοπι·	armé d'un airain brillant;
βαῖνε δὲ ἄρα	et donc il allait
ἀμφ' αὐτῷ,	autour de lui *pour le protéger*,
ὥς τις μήτηρ περὶ πόρταξι,	comme une mère autour de *son* veau,
πρωτοτόκος,	*une mère* ayant-mis-bas-pour-la-
κινυρή,	toute-plaintive, [première-fois,
οὐκ εἰδυῖα πρὶν	n'ayant pas connu auparavant
τόκοιο·	l'enfantement;
ὣς βαῖνε περὶ Πατρόκλῳ	ainsi marchait autour de Patrocle
ξανθὸς Μενέλαος.	le blond Ménélas.
Ἔσχε δὲ	Et il tint
πρόσθεν οἱ	en avant à lui (devant Patrocle)
δόρυ τε καὶ ἀσπίδα	et *sa* lance et *son* bouclier
ἴσην πάντοσε,	égal de-tous-côtés,
μεμαὼς κτάμεναι	impatient de tuer
τόν ὅστις ἔλθοι	celui qui viendrait
ἀντίος τοῦγε.	en-face-de (contre) celui-ci.
Υἱὸς δὲ ἄρα Πάνθου	Et donc le fils de Panthoüs
ἐϋμμελίης	habile-à-manier-la-lance
οὐκ ἀμέλησεν	ne négligea (n'oublia) point
ἀμύμονος Πατρόκλοιο	l'irréprochable Patrocle

Πατρόκλοιο πεσόντος ἀμύμονος· ἄγχι δ' ἄρ' αὐτοῦ 10
ἔστη, καὶ προσέειπεν Ἀρηΐφιλον Μενέλαον·
« Ἀτρεΐδη Μενέλαε, Διοτρεφὲς, ὄρχαμε λαῶν,
χάζεο, λεῖπε δὲ νεκρὸν, ἔα δ' ἔναρα βροτόεντα·
οὐ γάρ τις πρότερος Τρώων κλειτῶν τ' ἐπικούρων
Πάτροκλον βάλε δουρὶ κατὰ κρατερὴν ὑσμίνην. 15
Τῷ με ἔα κλέος ἐσθλὸν ἐνὶ Τρώεσσιν ἀρέσθαι,
μή σε βάλω, ἀπὸ δὲ μελιηδέα θυμὸν ἕλωμαι. »
Τὸν δὲ μέγ' ὀχθήσας προσέφη ξανθὸς Μενέλαος·
« Ζεῦ πάτερ, οὐ μὲν καλὸν ὑπέρβιον εὐχετάασθαι.
Οὔτ' οὖν πορδάλιος τόσσον μένος, οὔτε λέοντος, 20
οὔτε συὸς κάπρου ὀλοόφρονος, οὔτε μέγιστος
θυμὸς ἐνὶ στήθεσσι πέρι σθένεϊ βλεμεαίνει,
ὅσσον Πάνθου υἷες ἐϋμμελίαι φρονέουσιν.
Οὐδὲ μὲν οὐδὲ βίη Ὑπερήνορος ἱπποδάμοιο
ἧς ἥβης ἀπόνηθ', ὅτε μ' ὤνατο, καί μ' ὑπέμεινε, 25

lance, n'a point oublié l'irréprochable Patrocle qu'il a vu succomber ; il s'approche et s'adresse en ces termes à Ménélas chéri de Mars :

« Ménélas, fils d'Atrée, élève de Jupiter, chef des peuples, recule ; abandonne ce cadavre et laisse-là ces dépouilles sanglantes ; car c'est moi qui le premier, parmi les Troyens et leurs illustres alliés, ai frappé Patrocle de ma lance dans la terrible mêlée. Aussi laisse-moi recueillir une noble gloire chez les Troyens, de peur que je ne te frappe et ne t'arrache une douce vie. »

Le blond Ménélas, enflammé de courroux, lui dit aussitôt :

« Souverain Jupiter, il est peu convenable d'afficher cet impudent orgueil. Ni la panthère, ni le lion, ni le sanglier destructeur, dont la fière poitrine est animée d'une force indomptable, n'ont cette audace que nourrissent dans leur cœur les fils de Panthoüs, habiles à manier la lance. Le valeureux Hypérénor, dompteur de coursiers, n'a pu jouir de sa florissante jeunesse, lorsqu'il osa m'outrager et m'attendre, en

πεσόντος·	étant tombé *dans le combat* ;
ἔστη δὲ ἄρα ἄγχι αὐτοῦ,	et donc il se tint près de lui,
καὶ προσέειπε	et adressa-la-parole
Μενέλαον Ἀρηΐφιλον ·	à Ménélas cher-à-Mars :
« Μενέλαε Ἀτρείδη,	« Ménélas fils-d'Atrée,
Διοτρεφὲς,	élevé-par-Jupiter,
ὄρχαμε λαῶν,	chef des peuples,
χάζεο,	retire-toi,
λεῖπε δὲ νεκρὸν,	et abandonne le mort,
ἐκ δὲ ἔναρα βροτόεντα ·	et laisse-là *ces* dépouilles sanglantes ;
οὔτις γὰρ Τρώων	car aucun des Troyens
ἐπικούρων τε κλειτῶν	et des alliés illustres
πρότερος	antérieur à (avant) *moi*
βάλε Πάτροκλον δουρὶ	n'a frappé Patrocle de *sa* lance
κατὰ ὑσμίνην κρατερήν.	dans le combat violent.
Τῷ ἔα με	C'est-pourquoi laisse-moi
ἀρέσθαι ἐνὶ Τρώεσσιν	prendre *pour moi* parmi les Troyens
ἐσθλὸν κλέος,	une noble gloire,
μὴ βάλω σε,	de peur que je ne frappe toi,
ἀφέλωμαι δὲ	et *ne* t'arrache
θυμὸν μελιηδέα. »	la vie douce-comme-le-miel. »
Ξανθὸς δὲ Μενέλαος	Mais le blond Ménélas
ὀχθήσας μέγα	s'étant indigné grandement
προσέφη τόν ·	adressa-la-parole-à lui :
« Ζεῦ πάτερ,	« Jupiter père (auguste),
οὐ μὲν καλὸν	*il n'est* certes pas beau
εὐχετάασθαι ὑπέρβιον.	de se glorifier outre-mesure.
Οὔτε οὖν μένος πορδάλιος,	Et donc ni la fierté de la panthère,
οὔτε λέοντος,	ni *celle* du lion,
οὔτε συὸς κάπρου ὀλοόφρονος,	ni *celle* du porc sanglier pernicieux,
οὔτε θυμὸς μέγιστος	dont le courage très-grand [force
βλεμεαίνει πέρι σθένεϊ	est-orgueilleux excessivement de sa
ἐνὶ στήθεσσι,	dans *sa* poitrine,
τόσσον,	n'est aussi-grande,
ὅσσον φρονέουσιν υἷες Πάνθου	que *la* conçoivent les fils de Pánthoüs
ἐϋμμελίαι.	habiles-à-manier-la-lance.
Βίη δὲ μὲν Ὑπερήνορος	Or la force d'Hypérénor
ἱπποδάμοιο	dompteur-de-chevaux
οὐκ ἀπόνητο οὐδὲ ἧς ἥβης,	n'a pas joui non plus de sa jeunesse,
ὅτε ὤνατό με,	quand il injuria moi,

καί μ' ἔφατ' ἐν Δαναοῖσιν ἐλέγχιστον πολεμιστὴν
ἔμμεναι· οὐδέ ἕ φημι, πόδεσσί γε οἷσι κιόντα,
εὐφρῆναι ἄλοχόν τε φίλην κεδνούς τε τοκῆας.
Ὣς θην καὶ σὸν ἐγὼ λύσω μένος, εἴ κέ μευ ἄντα
στήῃς. Ἀλλά σ' ἔγωγ' ἀναχωρήσαντα κελεύω   30
ἐς πληθὺν ἰέναι, μηδ' ἀντίος ἵστασ' ἐμεῖο,
πρίν τι κακὸν παθέειν· ῥεχθὲν δέ τε νήπιος ἔγνω¹. »

Ὣς φάτο, τὸν δ' οὐ πεῖθεν· ἀμειβόμενος δὲ προσηύδα·
« Νῦν μὲν δὴ, Μενέλαε Διοτρεφὲς, ἦ μάλα τίσεις
γνωτὸν ἐμὸν, τὸν ἔπεφνες, ἐπευχόμενος δ' ἀγορεύεις·   35
χήρωσας δὲ γυναῖκα μυχῷ θαλάμοιο νέοιο,
ἀρητὸν δὲ τοκεῦσι γόον καὶ πένθος ἔθηκας.
Ἦ κέ σφιν δειλοῖσι γόου κατάπαυμα γενοίμην,
εἴ κεν ἐγὼ κεφαλήν τε τεὴν καὶ τεύχε' ἐνείκας,
Πάνθῳ ἐν χείρεσσι βάλω καὶ Φρόντιδι δίῃ.   40

disant que j'étais le plus lâche des Grecs ; et je ne pense pas que par
son retour il ait comblé de joie son épouse chérie et ses vénérables
parents : de même aussi je briserai ta force, si tu restes encore en
face de moi. Pour moi, je t'engage à te retirer et à rentrer dans la
foule ; renonce à me tenir tête, avant que quelque malheur fonde sur
toi ; mais l'insensé ne s'instruit que par les événements. »

Ces paroles ne persuadent point Euphorbe, qui réplique en ces
termes :

« Ménélas, élève de Jupiter, tu vas expier aujourd'hui le meurtre
de mon frère, dont la mort est pour toi l'objet d'un vain orgueil. Tu
as rendu veuve son épouse, dans le réduit de sa chambre nuptiale
encore toute nouvelle, et tu as plongé ses parents dans l'horreur du
deuil et dans la désolation. Certes, je mettrais un terme à la douleur
de ces infortunés, si, rapportant ta tête et tes armes, je les déposais
entre les mains de Panthoüs et de la divine Phrontis. Mais je ne

καὶ ὑπέμεινέ με,	et attendit moi,
καὶ ἐρατό με ἔμμεναι	et dit moi être
πολεμιστὴν ἐλέγχιστον	le guerrier le plus déshonoré
ἐν Δαναοῖσιν·	parmi les Grecs ;
οὐδέ φημί ἑ,	et je ne dis (pense) pas lui
κιόντα γε	étant revenu du moins
οἶσι πόδεσσιν,	de ses propres pieds,
εὐφρῆναι ἄλοχόν τε φίλην	avoir réjoui et son épouse chérie
τοκῆάς τε κεδνούς.	et ses parents respectables.
Ὣς θην ἐγὼ καὶ	De même certes moi aussi
λύσω σὸν μένος,	je briserai ta fierté,
εἴ κε στήῃς ἄντα μευ.	si tu te tiens en-face-de-moi.
Ἀλλὰ ἔγωγε κελεύω	Mais moi-du-moins je conseille
σε ἀναχωρήσαντα	toi l'étant retiré
ἰέναι ἐς πληθὺν,	aller dans la foule, [(éloigne-toi)
μηδὲ ἵστασο ἀντίος ἐμεῖο,	et ne t'arrête pas en-face-de moi
πρὶν παθέειν	avant d'avoir souffert
τι κακόν·	quelque chose de mal ;
νήπιος δέ τε	mais l'insensé
ἔγνω ῥεχθέν. »	connaît seulement la chose faite. »
Φάτο ὣς,	Il parla ainsi,
οὐ πεῖθε δὲ τόν·	mais il ne persuada pas lui ;
ἀμειβόμενος δὲ προσηύδα·	et celui-ci répondant dit-à lui :
« Νῦν μὲν δὴ,	« Maintenant à la vérité,
Μενέλαε Διοτρεφὲς,	Ménélas élevé-par-Jupiter,
τίσεις ἦ μάλα	tu payeras certes tout-à-fait
ἐμὸν γνωτὸν,	mon frère (la mort de mon frère),
τὸν ἔπεφνες·	lequel tu as tué ;
ἀγορεύεις δὲ ἐπευχόμενος·	et tu parles en te glorifiant ;
χηρώσας δὲ γυναῖκα	or tu as rendu-veuve son épouse
μυχῷ	dans le fond
νέοιο θαλάμοιο,	de sa nouvelle chambre-nuptiale,
ἔθηκας δὲ τοκεῦσι	et tu as causé à ses parents
γόον καὶ πένθος ἀρητόν.	un deuil et un chagrin affreux.
Ἦ κε γενοίμην κατάπαυμα ... ου	Certes je serais fin du (je mettrais fin
σφιν δειλοῖσιν,	à eux infortunés, (au) deuil
εἰ ἐγὼ ἐνείκας	si moi ayant rapporté
τεήν τε κεφαλὴν καὶ τεύχεα,	et ta tête et les armes,
βάλω ἐν χείρεσσι	je les remettais dans les mains
Πάνθῳ καὶ δίῃ Φρόντιδι.	à Panthoüs et à la divine Phrontis.

Ἀλλ' οὐ μὰν ἔτι δηρὸν ἀπείρητος πόνος ἔσται,
οὐδέ τ' ἀδήριτος, ἤτ' ἀλκῆς, ἤτε φόβοιο. »

'Ὡς εἰπὼν, οὔτησε κατ' ἀσπίδα πάντοσ' ἔΐσην·
οὐδ' ἔῤῥηξεν χαλκόν· ἀνεγνάμφθη δέ οἱ αἰχμὴ
ἀσπίδ' ἐνὶ κρατερῇ. 'Ὁ δὲ δεύτερος ὥρνυτο χαλκῷ   45
Ἀτρεΐδης Μενέλαος, ἐπευξάμενος Διΐ πατρί.
Ἂψ δ' ἀναχαζομένοιο, κατὰ στομάχοιο θέμεθλα[2]
νύξ', ἐπὶ δ' αὐτὸς ἔρεισε, βαρείη χειρὶ πιθήσας·
ἀντικρὺ δ' ἁπαλοῖο δι' αὐχένος ἤλυθ' ἀκωκή.
Δούπησεν δὲ πεσὼν, ἀράβησε δὲ τεύχε' ἐπ' αὐτῷ.   50
Αἵματί οἱ δεύοντο κόμαι, Χαρίτεσσιν ὁμοῖαι,
πλοχμοί θ', οἳ χρυσῷ τε καὶ ἀργύρῳ ἐσφήκωντο.
Οἷον δὲ τρέφει ἔρνος[2] ἀνὴρ ἐριθηλὲς ἐλαίης
χώρῳ ἐν οἰοπόλῳ, ὅθ' ἅλις ἀναβέβρυχεν ὕδωρ,
καλὸν, τηλεθάον, τὸ δέ τε πνοιαὶ δονέουσι   55
παντοίων ἀνέμων, καί τε βρύει ἄνθεϊ λευκῷ·
ἐλθὼν δ' ἐξαπίνης ἄνεμος σὺν λαίλαπι πολλῇ

reux pas différer plus longtemps l'attaque, et l'on verra qui de nous deux sera vainqueur ou vaincu. »

A ces mots, il frappe le bouclier bien arrondi de son ennemi ; mais il ne rompt pas l'airain ; car la pointe de sa lance se recourbe dans le solide bouclier. Ménélas, fils d'Atrée, s'élance à son tour, un glaive à la main, après avoir imploré le souverain Jupiter. Au moment où Euphorbe recule, il le frappe, et, plein de confiance dans la vigueur de son bras, il lui enfonce le fer au fond de la gorge ; la pointe traverse aussitôt le cou tendre du guerrier. Il tombe avec fracas, et ses armes retentissent autour de lui ; le sang inonde sa chevelure, semblable à celle des Grâces, et ses tresses que retiennent attachées des anneaux d'or et d'argent. Comme un jeune plant d'olivier, qu'un homme élève avec soin dans un lieu solitaire d'où jaillit une source abondante, se dresse magnifique, étale un verdoyant feuillage, et, caressé par le souffle de tous les vents, se couvre de blanches fleurs ; mais soudain les autans, se déchaînant avec fureur, le déracinent et

Ἀλλὰ πόνος
οὐκ ἔσται μὰν ἔτι δηρὸν
ἀπείρητος· οὐδέ τε ἀδήριτος,
ἤτε ἀλκῆς,
ἤτε φόβοιο. »

Εἰπὼν ὡς, οὔτησε
κατὰ ἀσπίδα ἐΐσην πάντοσε·
οὐδὲ ἔῤῥηξε χαλκόν·
αἰχμὴ δέ οἱ
ἀνεγνάμφθη ἐνὶ ἀσπίδι κρατερῇ.
Ὁ δὲ Μενέλαος Ἀτρείδης
ὤρνυτο δεύτερος,
χαλκῷ,
ἐπευξάμενος Διὶ πατρί·
ἀναχαζομένοιο δὲ ἄψ,
νύξε κατὰ θέμεθλα στομάχοιο,
αὐτὸς δὲ ἐπέρεισε,
πιθήσας·
χειρὶ βαρείῃ·
ἀχωκὴ δὲ ἤλυθεν ἀντικρὺ
διὰ αὐχένος ἁπαλοῖο.
Δούπησε δὲ πεσὼν,
τεύχεα δὲ ἀράβησεν ἐπὶ αὐτῷ.
Κόμαι οἱ,
ὅμοιαι Χαρίτεσσι,
πλοχμοί τε, οἳ ἐσφήκωντο
χρυσῷ τε καὶ ἀργύρῳ,
δεύοντο αἵματι.
Οἷον δὲ ἀνὴρ τρέφει
ἔρνος ἐλαίης ἐριθηλὲς
ἐν χώρῳ οἰοπόλῳ,
ὅθι ὕδωρ ἀναβέβρυχεν ἅλις,
καλὸν, τηλεθάον,
πνοιαὶ δέ τε ἀνέμων παντοίων
δονέουσι τὸ,
καί τε βρύει
ἄνθει λευκῷ·
ἐξαπίνης δὲ ἄνεμος ἐλθὼν
σὺν πολλῇ λαίλαπι
ἐξέστρεψέ τε βόθρου

Mais le travail (le combat)
ne sera plus certainement longtemps
non-essayé et non-débattu,
soit de (pour) la victoire
soit de (pour) la peur (la fuite). »

Ayant dit ainsi, il le frappa
sur son bouclier égal de-tous-côtés;
et il ne brisa point l'airain;
car la pointe de la lance à lui
fut recourbée dans le bouclier solide.
Mais Ménélas fils-d'Atrée
s'élança le second (ensuite)
avec l'airain,
ayant prié Jupiter père des hommes;
et Euphorbe se retirant en arrière,
il le frappa dans le fond de la gorge,
et lui-même appuya-fortement,
ayant-confiance
dans sa main robuste;
et la pointe alla (ressortit) par-devant
à travers le cou tendre.
Et il résonna étant tombé,
et ses armes retentirent sur lui.
Les cheveux à lui,
semblables aux (à ceux des) Grâces,
et ses tresses, qui avaient été serrées
et par l'or et par l'argent,
étaient mouillés de sang.
Or tel qu'un homme nourrit (élève)
un rejeton d'olivier très-fleuri
dans un endroit solitaire,
où l'eau jaillit abondamment,
arbre beau, verdissant,
et les souffles de vents différents
agitent celui-ci,
et aussi il se couvre-de-végétation
par une fleur blanche;
mais soudain un vent étant venu
avec un grand tourbillon
et l'a arraché-de son trou

1

βόθρου τ' ἐξέστρεψε καὶ ἐξετάνυσσ' ἐπὶ γαίῃ·
τοῖον Πάνθου υἱὸν ἐϋμμελίην Εὔφορβον
Ἀτρείδης Μενέλαος ἐπεὶ κτάνε, τεύχε' ἐσύλα.   60

 Ὡς δ' ὅτε τίς τε λέων ὀρεσίτροφος, ἀλκὶ πεποιθὼς,
βοσκομένης ἀγέλης βοῦν ἁρπάσῃ, ἥτις ἀρίστη·
τῆς δ' ἐξ αὐχέν' ἔαξε, λαβὼν κρατεροῖσιν ὀδοῦσι,
πρῶτον, ἔπειτα δέ θ' αἷμα καὶ ἔγκατα πάντα λαφύσσει,
δῃῶν· ἀμφὶ δὲ τόνγε κύνες ἄνδρες τε νομῆες   65
πολλὰ μάλ' ἰύζουσιν ἀπόπροθεν, οὐδ' ἐθέλουσιν
ἀντίον ἐλθέμεναι· μάλα γὰρ χλωρὸν δέος αἱρεῖ·
ὣς τῶν οὔτινι θυμὸς ἐνὶ στήθεσσιν ἐτόλμα
ἀντίον ἐλθέμεναι Μενελάου κυδαλίμοιο.
Ἔνθα κε ῥεῖα φέροι κλυτὰ τεύχεα Πανθοίδαο   10
Ἀτρείδης, εἰ μή οἱ ἀγάσσατο Φοῖβος Ἀπόλλων,
ὅς ῥά οἱ Ἕκτορ' ἐπῶρσε, θοῷ ἀτάλαντον Ἄρηϊ,
ἀνέρι εἰσάμενος, Κικόνων ἡγήτορι Μέντῃ·
καί μιν φωνήσας ἔπεα πτερόεντα προσηύδα·

 « Ἕκτορ, νῦν σὺ μὲν ὧδε θέεις, ἀκίχητα διώκων,   75

l'étendent sur le sol : tel le fils de Panthoüs, Euphorbe habile à manier la lance, tombe sous les coups de Ménélas qui le dépouille de ses
armes.

Lorsqu'un lion, nourri dans les mortagnes, a, tout fier de sa force,
ravi la plus belle génisse du troupeau, il lui brise d'abord le cou qu'il
a saisi de ses fortes dents, puis, la déchirant, il se repait de son sang
et de ses entrailles ; autour de lui les chiens et les bergers poussent
de loin d'effroyables cris, mais ils n'osent point venir l'attaquer ;
car la pâle crainte a glacé leurs membres : de même aucun guerrier
troyen ne se sent l'audace de marcher contre le glorieux Ménélas.
Alors le fils d'Atrée aurait facilement enlevé les armes illustres d'Euphorbe, si le brillant Apollon, par un sentiment jaloux, ne fût venu
exciter contre lui Hector, semblable à l'impétueux Mars ; le dieu
avait pris les traits d'un guerrier, de Mentès, chef des Ciconiens ; et
il adresse à Hector ces paroles qui volent rapides :

 « Hector, c'est en vain que, dans ta course, tu poursuis les che-

καὶ ἐξετάνυσσεν ἐπὶ γαίη·
τοῖον ἐπεὶ Μενέλαος Ἀτρείδης
κτάνεν Εὔφορϐον υἱὸν Πάνθου
ἐϋμμελίην,
ἐσύλα τεύχεα.

Ὡς δὲ ὅτε
τίς τε λέων ὀρεσίτροφος,
πεποιθὼς ἀλκὶ,
ἀρπάσῃ βοῦν, ἥτις ἀρίστη
ἀγέλης βοσκομένη·
πρῶτον δὲ ἐξέαξεν
αὐχένα τῆς,
λαϐὼν ὀδοῦσι κρατεροῖσιν,
ἔπειτα δέ τε, δῶν,
λαφύσσει αἷμα
καὶ πάντα ἔγκατα·
ἀμφὶ δὲ τόνγε
κύνες ἄνδρες τε νομῆες
ἰόζουσιν ἀπόπροθεν μάλα πολλὰ,
οὐδὲ ἐθέλουσιν
ἐλθέμεναι ἀντίον·
δέος γὰρ χλωρὸν
αἱρεῖ μάλα·
ὣς οὔτινι τῶν
θυμὸς ἐνὶ στήθεσσιν
ἐτόλμα ἐλθέμεναι ἀντίον
κυδαλίμοιο Μενελάου.
Ἔνθα Ἀτρείδης
φέροι κε ῥεῖα
τεύχεα κλυτὰ
Πανθοΐδαο,
εἰ Φοῖϐος Ἀπόλλων
μὴ ἀγάσσατό οἱ,
ὅς ῥα ἐπῶρσέν οἱ
Ἕκτορα, ἀτάλαντον Ἄρηϊ θοῷ,
εἰσάμενος ἀνέρι,
Μέντῃ ἡγήτορι Κικόνων·
καὶ φωνήσας προσηύδα μιν
ἔπεα πτερόεντα·
« Ἕκτορ, νῦν σὺ μὲν

et l'a étendu sur la terre :
tel lorsque Ménélas fils-d'Atrée
eut tué-Euphorbe fils de Panthoüs
habile-à-manier-la-lance,
il lui enlevait ses armes.

Or comme lorsque
un lion nourri-dans-les-montagnes,
ayant-confiance dans sa force,
a ravi la génisse, qui est la plus belle
du troupeau paissant ;
et d'abord il a brisé
le cou de celle-ci,
l'ayant prise de ses dents fortes,
et ensuite, la déchirant,
il avale le sang
et toutes les entrailles ;
et autour de lui
les chiens et les hommes bergers
crient de loin très-souvent,
et ils ne veulent (n'osent) pas
aller en face ;
car une crainte pâle
s'empare d'eux fortement :
ainsi à aucun d'eux
le cœur dans la poitrine
n'osait aller en face
du glorieux Ménélas.
Alors le fils-d'Atrée
eût emporté facilement
les armes illustres
du fils-de-Panthoüs,
si Phébus Apollon
n'eût porté-envie à lui,
lequel (Apollon) excita-contre lui
Hector, semblable à Mars rapide,
s'étant assimilé à un homme,
à Mentès chef des Ciconiens ;
et ayant parlé il dit-à lui
ces paroles ailées :
« Hector, maintenant toi à la vérité

Ἵππους Αἰακίδαο δαΐφρονος· οἱ δ' ἀλεγεινοὶ
ἀνδράσι γε θνητοῖσι δαμήμεναι ἠδ' ὀχέεσθαι,
ἄλλῳ γ' ἢ Ἀχιλῆϊ, τὸν ἀθανάτη τέκε μήτηρ.
Τόφρα δέ τοι Μενέλαος Ἀρήϊος, Ἀτρέος υἱὸς,
Πατρόκλῳ περιβὰς, Τρώων τὸν ἄριστον ἔπεφνε,   80
Πανθοΐδην Εὔφορβον, ἔπαυσε δὲ θούριδος ἀλκῆς. »

    Ὣς εἰπὼν, ὁ μὲν αὖτις ἔβη θεὸς ἂμ πόνον ἀνδρῶν·
Ἕκτορα δ' αἰνὸν ἄχος πύκασε φρένας ἀμφιμελαίνας.
Πάπτηνεν δ' ἄρ' ἔπειτα κατὰ στίχας· αὐτίκα δ' ἔγνω
τὸν μὲν ἀπαινύμενον κλυτὰ τεύχεα, τὸν δ' ἐπὶ γαίῃ
κείμενον· ἔῤῥει δ' αἷμα κατ' οὐταμένην ὠτειλήν.
Βῆ δὲ διὰ προμάχων, κεκορυθμένος αἴθοπι χαλκῷ,
ὀξέα κεκληγὼς, φλογὶ εἴκελος Ἡφαίστοιο
ἀσβέστῳ· οὐδ' υἱὸν λάθεν Ἀτρέος ὀξὺ βοήσας·

vaux du belliqueux Éacide. Aucun mortel ne saurait les dompter n,
les conduire; ils n'obéissent qu'à Achille, fils d'une immortelle. Le
fils d'Atrée, le belliqueux Ménélas, en combattant autour de Patrocle, vient d'immoler le plus brave des Troyens, Euphorbe, fils de
Panthoüs, et d'éteindre son impétueuse ardeur. »

    A ces mots, le dieu rentre dans la foule des guerriers; une sombre
et triste douleur se répand dans l'âme d'Hector. Le héros promène
ses regards sur les bataillons, et aperçoit aussitôt Ménélas dépouillant
son ennemi de sa brillante armure, et Euphorbe étendu sur la terre;
le sang coulait de sa large blessure. Alors, couvert d'une cuirasse
étincelante, il s'avance aux premiers rangs, poussant des cris affreux,
semblable à la flamme inextinguible de Vulcain. Sa voix retentissante

θέεις ὧδε,
tu cours ainsi,

διώκων
poursuivant

ἀκίχητα,
ce-que-tu-ne-peux-atteindre,

ἵππους δαίφρονος Αἰακίδαο·
les chevaux du belliqueux Éacide ;

οἳ δὲ ἀλεγεινοὶ
or ceux-ci sont difficiles

ἀνδράσι θνητοῖσί γε
pour les hommes mortels du moins

δαμήμεναι ἠδὲ ὀχέεσθαι,
à être domptés et à être montés,

ἄλλῳ γε
pour un autre du moins

ἢ Ἀχιλῆϊ,
que pour Achille,

τὸν μήτηρ ἀθανάτη τέκε.
qu'une mère immortelle enfanta.

Τόφρα δὲ
Mais pendant-ce-temps

Μενέλαος Ἀρήϊος, υἱὸς Ἀτρέος,
Ménélas martial, fils d'Atrée,

περιβὰς Πατρόκλῳ,
allant-autour de Patrocle,

ἔπεφνε τὸν ἄριστον Τρώων,
a tué le plus courageux des Troyens,

Εὔφορβον Πανθοΐδην,
Euphorbe fils-de-Panthoüs,

ἔπαυσε δὲ
et l'a fait-désister

ἀλκῆς θούριδος. »
de sa force impétueuse. »

Εἰπὼν ὣς,
Ayant dit ainsi,

ὁ θεὸς μὲν ἔβη αὖτις
le dieu à la vérité alla de nouveau

ἂμ πόνον
à travers le travail (le combat)

ἀνδρῶν·
des hommes ;

ἄχος δὲ αἰνὸν
et une douleur terrible

πύκασεν Ἕκτορα
voila (enveloppa) Hector

φρένας
quant au diaphragme

ἀμφιμελαίνας.
noir-tout-autour.

Ἔπειτα δὲ ἄρα πάπτηνε
Or donc ensuite il regarda partout

κατὰ στίχας·
dans les rangs ;

αὐτίκα δὲ ἔγνω
et aussitôt il reconnut

τὸν μὲν ἀπαινύμενον
l'un enlevant

τεύχεα κλυτά,
les armes illustres,

τὸν δὲ κείμενον ἐπὶ γαίῃ·
l'autre gisant sur la terre ;

αἷμα δὲ ἔρρει
et le sang coulait

κατὰ ὠτειλὴν οὐταμένην.
de la blessure percée (faite).

Βῆ δὲ
Et il alla

διὰ προμάχων,
à travers les premiers-combattants,

κεκορυθμένος χαλκῷ αἴθοπι,
armé de l'airain étincelant,

κεκληγὼς ὀξέα,
poussant-des-cris aigus,

εἴκελος φλογὶ ἀσβέστῳ
semblable à la flamme inextinguible

Ἡφαίστοιο·
de Vulcain ;

οὐδὲ λάθεν υἱὸν Ἀτρέος
et il n'échappa point au fils d'Atrée

ὀχθήσας δ' ἄρα εἶπε πρὸς ὃν μεγαλήτορα θυμόν· 90

« Ὤ μοι ἐγὼν, εἰ μέν κε λίπω κάτα τεύχεα καλὰ,

Πάτροκλόν θ', ὃς κεῖται ἐμῆς ἕνεκ' ἐνθάδε τιμῆς,

μήτις μοι Δαναῶν νεμεσήσεται, ὅς κεν ἴδηται.

Εἰ δέ κεν Ἕκτορι μοῦνος ἐὼν καὶ Τρωσὶ μάχωμαι

αἰδεσθεὶς, μήπως με περιστήωσ' ἕνα πολλοί. 95

Τρῶας δ' ἐνθάδε πάντας ἄγει κορυθαίολος Ἕκτωρ.

Ἀλλὰ τίη μοι ταῦτα φίλος διελέξατο θυμός;

Ὁππότ' ἀνὴρ ἐθέλῃ πρὸς δαίμονα φωτὶ μάχεσθαι,

ὅν κε θεὸς τιμᾷ, τάχα οἱ μέγα πῆμα κυλίσθη.

Τῷ μ' οὔτις Δαναῶν νεμεσήσεται, ὅς κεν ἴδηται 100

Ἕκτορι χωρήσαντ', ἐπεὶ ἐκ θεόφιν πολεμίζει.

Εἰ δέ που Αἴαντός γε βοὴν ἀγαθοῖο πυθοίμην,

ἄμφω κ' αὖτις ἰόντες ἐπιμνησαίμεθα χάρμης,

est reconnue de Ménélas, qui gémit et se dit en son cœur magna
nime :

« Malheureux que je suis! Si j'abandonne ces belles armes et le
corps de Patrocle qui a succombé pour venger mon honneur, je crains
que les Grecs, en me voyant fuir, ne s'irritent contre moi. Si au contraire, pour échapper à la honte, je combats seul Hector et les
Troyens, je serai bientôt enveloppé par le nombre; car Hector au
casque étincelant conduit ici tous les Troyens. Mais pourquoi délibérer ainsi dans mon cœur ? Lorsqu'un guerrier veut combattre un
mortel qu'honore une divinité, il voit bientôt fondre sur lui un grand
malheur. Non, aucun des Grecs ne s'irritera contre moi, si je recule
devant Hector, puisqu'il combat sous la protection d'un dieu. Ah ! si
je pouvais du moins entendre la voix du valeureux Ajax, tous deux
alors, retournant au combat, nous irions lutter, fût-ce même contre

βοήσας ὀξύ·
ὀχθήσας δὲ ἄρα
εἶπε πρὸς ὃν θυμὸν μεγαλήτορα·
« Ὤ μοι ἐγὼν,
εἰ μέν κε καταλίπω
τεύχεα καλὰ,
Πάτροχλόν τε, ὃς κεῖται ἐνθάδε
ἕνεκα ἐμῆς τιμῆς,
μήτις Δαναῶν,
ὅς κεν ἴδηται,
νεμεσήσεταί μοι.
Εἰ δὲ αἰδεσθεὶς
κε μάχωμαι ἐὼν μοῦνος·
Ἕκτορι καὶ Τρωσὶ,
μήπως πολλοὶ
περιστήσωσί με ἕνα·
Ἕκτωρ δὲ κορυθαίολος
ἄγει ἐνθάδε πάντας Τρῶας.
Ἀλλὰ τίη θυμὸς φίλος μοι
διελέξατο ταῦτα;
Ὁπότε ἀνὴρ ἐθέλῃ
πρὸς δαίμονα
μάχεσθαι φωτὶ,
ὃν θεός κε τιμᾷ,
τάχα μέγα πῆμα
κυλίσθη οἱ.
Τῷ οὔτις Δαναῶν,
ὅς κεν ἴδηται
χωρήσαντα Ἕκτορι,
νεμεσήσεταί μοι,
ἐπεὶ πολεμίζει
ἐκ θεόφιν.
Εἰ δέ γε
πυθοίμην κου
Αἴαντος ἀγαθοῖο βοὴν,
ἄμφω κεν ἐπιμνησαίμεθα
χάρμης
ἰόντες αὖτις,
καίπερ πρὸς δαίμονα,
εἴ κως

ayant poussé-un-cri aigu;
et *celui-ci* donc ayant gémi
dit à (en) son cœur magnanime :
« Hélas à moi! moi-*même*,
si à la vérité j'aurai abandonné
les armes belles,
et Patrocle, lequel gît ici
à cause de mon honneur,
je *crains* que-quelqu'un des Grecs,
qui m'aura vu,
ne s'irrite contre moi.
Et si ayant-de-la-honte
je combats étant seul
avec Hector et les Troyens,
je *crains* que *étant* nombreux
ils n'entourent moi *qui suis* seul;
or Hector au-casque-varié
conduit ici tous les Troyens.
Mais pourquoi le cœur chéri à moi
a-t-il dit-en-lui-même ces choses?
Lorsqu'un homme veut
malgré une divinité
combattre avec un mortel,
qu'un dieu honore,
bientôt une grande calamité
a roulé (fond) sur lui.
C'est pourquoi aucun des Grecs,
qui m'aura vu
ayant cédé à Hector,
ne s'irritera contre moi,
puisqu'il combat
d'après *la volonté* d'un dieu.
Mais si du moins
je pouvais-entendre quelque part
Ajax brave au combat,
tous-deux nous nous souviendrions
de la guerre
y étant allés de nouveau,
quoique malgré une divinité,
pour voir si de-quelque-manière

καὶ πρὸς δαίμονά περ, εἴ πως ἐρυσαίμεθα νεκρὸ
Πηλείδῃ Ἀχιλῆϊ· κακῶν δέ κε φέρτατον εἴη. »   105

Ἕως ὁ ταῦθ' ὥρμαινε κατὰ φρένα καὶ κατὰ θυμόν,
τόφρα δ' ἐπὶ Τρώων στίχες ἤλυθον· ἦρχε δ' ἄρ' Ἕκτωρ.
Αὐτὰρ ὅγ' ἐξοπίσω ἀνεχάζετο, λεῖπε δὲ νεκρὸν,
ἐντροπαλιζόμενος· ὥστε λῖς ἠϋγένειος,
ὅν ῥα κύνες τε καὶ ἄνδρες ἀπὸ σταθμοῖο δίωνται   110
ἔγχεσι καὶ φωνῇ· τοῦ δ' ἐν φρεσὶν ἄλκιμον ἦτορ
παχνοῦται, ἀέκων δέ τ' ἔβη ἀπὸ μεσσαύλοιο·
ὣς ἀπὸ Πατρόκλοιο κίε ξανθὸς Μενέλαος.
Στῆ δὲ μεταστρεφθεὶς, ἐπεὶ ἵκετο ἔθνος ἑταίρων,
παπταίνων Αἴαντα μέγαν, Τελαμώνιον υἱόν·   115
τὸν δὲ μάλ' αἶψ' ἐνόησε μάχης ἐπ' ἀριστερὰ πάσης,
θαρσύνονθ' ἑτάρους καὶ ἐποτρύνοντα μάχεσθαι·
θεσπέσιον γάρ σφιν φόβον ἔμβαλε Φοῖβος Ἀπόλλων.
Βῆ δὲ θέειν, εἶθαρ δὲ παριστάμενος ἔπος ηὔδα·

un dieu, pour rendre à Achille, fils de Pélée, les restes de son ami ; ce serait un adoucissement à tant d'infortunes. »

Tandis qu'il agite ces pensées dans son esprit et dans son cœur, les phalanges troyennes arrivent, Hector à leur tête. Ménélas se retire et abandonne le corps de Patrocle, tournant souvent ses regards vers les ennemis. Tel un lion à la belle crinière, que les cris des chiens et les piques des bergers repoussent de l'étable ; son cœur généreux frissonne de colère dans sa poitrine, et c'est à regret que l'animal sort de la cour : tel le blond Ménélas s'éloigne de Patrocle. Arrivé au milieu de ses compagnons, il s'arrête et se retourne, cherchant du regard le grand Ajax, fils de Télamon. Il l'aperçoit aussitôt à la gauche de l'armée, rassurant ses guerriers et les excitant au combat ; car le brillant Apollon leur avait inspiré une terreur divine. Ménélas vole auprès du héros et lui dit :

ἐρυσαίμεθα	nous pourrions-tirer-à-nous
νεκρὸν	le cadavre
Ἀχιλῆϊ Πηλείδη·	pour Achille fils-de-Pélée;
κακῶν δέ κεν εἴη	or de *tous* les maux *celui-ci* serait
φέρτατον. »	le meilleur (le plus supportable). »
Ἕως ὁ	Tandis que celui-ci
ὥρμαινε ταῦτα	agitait ces choses
κατὰ φρένα καὶ κατὰ θυμὸν,	dans *son* esprit et dans *son* cœur,
τόφρα δὲ ἐπήλυθον	pendant-ce-temps donc arrivèrent
στίχες Τρώων·	les bataillons des Troyens;
Ἕκτωρ δὲ ἄρα ἦρχεν.	et donc Hector marchait-le-premier.
Αὐτὰρ ὅγε	Alors celui-là (Ménélas)
ἀνεχάζετο ἐξοπίσω,	se retirait en arrière,
λεῖπε δὲ νεκρὸν,	et abandonnait le cadavre,
ἐντροπαλιζόμενος·	se retournant-souvent;
ὥστε λῖς ἠϋγένειος,	comme un lion à-la-belle-crinière,
ὃν ῥα κύνες τε καὶ ἄνδρες	lequel et des chiens et des hommes
δίωνται ἀπὸ σταθμοῖο	chassent d'une étable
ἔγχεσι καὶ φωνῇ·	par des piques et par la voix;
ἦτορ δὲ ἄλκιμον τοῦ	et le cœur courageux de celui-ci
παχνοῦται	se resserre (frissonne)
ἐν φρεσίν,	dans *sa* poitrine,
ἔβη δέ τε ἀπὸ μεσσαύλοιο	et il est parti de la cour
ἀέκων·	malgré-lui :
ὣς ξανθὸς Μενέλαος	ainsi le blond Ménélas
κίεν ἀπὸ Πατρόκλοιο.	s'en alla (s'éloigna) de Patrocle.
Στῆ δὲ μεταστρεφθείς,	Or il s'arrêta s'étant retourné,
ἐπεὶ ἵκετο	lorsqu'il fut arrivé
ἔθνος ἑταίρων,	à la troupe de *ses* compagnons,
παπταίνων	cherchant-du-regard
μέγαν Αἴαντα, υἱὸν Τελαμώνιον·	le grand Ajax, fils de-Télamon;
ἐνόησε δὲ μάλα αἶψα	et il aperçut tout aussitôt
ἐπὶ ἀριστερὰ πάσης μάχης	à la gauche de tout le combat
τὸν θαρσύνοντα ἑτάρους	lui rassurant *ses* compagnons
καὶ ἐποτρύνοντα μάχεσθαι·	et *les* excitant à combattre;
Φοῖβος γὰρ Ἀπόλλων	car Phébus Apollon
ἔμβαλέ σφιν φόβον θεσπέσιον.	avait jeté-en eux une terreur divine.
Βῆ δὲ θέειν,	Et il alla *pour* (il se mit à) courir,
παριστάμενος δὲ	et se tenant-près *de lui*
ηὔδα εἶθαρ ἔπος·	il dit aussitôt *cette* parole :

« Αἶαν, δεῦρο, πέπον, περὶ Πατρόκλοιο θανόντος   120
σπεύσομεν, αἴ κε νέκυν περ Ἀχιλλῆϊ προφέρωμεν
γυμνόν· ἀτὰρ τάγε τεύχε' ἔχει κορυθαίολος Ἕκτωρ. »

Ὣς ἔφατ'· Αἴαντι δὲ δαΐφρονι θυμὸν ὄρινε·
βῆ δὲ διὰ προμάχων, ἅμα δὲ ξανθὸς Μενέλαος.
Ἕκτωρ μὲν Πάτροκλον, ἐπεὶ κλυτὰ τεύχε' ἀπηύρα,   125
ἕλχ', ἵν' ἀπ' ὤμοιϊν κεφαλὴν τάμοι ὀξέϊ χαλκῷ,
τὸν δὲ νέκυν Τρώεσσιν ἐρυσσάμενος κυσὶ δοίη.
Αἴας δ' ἐγγύθεν ἦλθε, φέρων σάκος, ἠΰτε πύργον.
Ἕκτωρ δ' ἂψ ἐς ὅμιλον ἰὼν ἀνεχάζεθ' ἑταίρων,
ἐς δίφρον δ' ἀνόρουσε· δίδου δ' ὅγε τεύχεα καλὰ   130
Τρωσὶ φέρειν προτὶ ἄστυ, μέγα κλέος ἔμμεναι αὐτῷ.
Αἴας δ', ἀμφὶ Μενοιτιάδῃ σάκος εὐρὺ καλύψας,
ἑστήκει, ὥς τίς τε λέων περὶ οἷσι τέκεσσιν,
ᾧ ῥά τε νήπι' ἄγοντι συναντήσωνται ἐν ὕλῃ
ἄνδρες ἐπακτῆρες· ὁ δέ τε σθένεϊ βλεμεαίνει·   135

« Viens, Ajax, viens, mon ami ; hâtons-nous de combattre pour
les restes de Patrocle, et puissions-nous au moins rapporter à Achille
son corps dépouillé ; car ses armes sont devenues la proie d'Hector
au casque étincelant. »

Il dit, et ses paroles touchent l'âme du belliqueux Ajax. Ce héros
s'élance aux premiers rangs, suivi du blond Ménélas. Hector, après
avoir enlevé les armes illustres, entraînait Patrocle, pour lui séparer
la tête des épaules avec l'airain tranchant et livrer son corps en pâture
aux chiens de Troie. Mais Ajax s'approche, portant un bouclier semblable à une tour. Hector se retire au milieu de ses compagnons, et
s'élance sur son char ; il ordonne aux Troyens de porter vers la ville
ces armes magnifiques qui doivent être pour lui un éclatant trophée.
Ajax se tient auprès du fils de Ménétius, qu'il couvre de son large
bouclier. Telle une lionne autour de ses petits, lorsque, conduisant
ses jeunes lionceaux dans la forêt, elle rencontre des chasseurs ; toute

« Αἶαν, πέπον, δεῦρο,
σπεύσομεν
περὶ Πατρόκλοιο θανόντος,
αἴπερ
προφέρωμέν κεν Ἀχιλῆι
νέκυν γυμνόν·
ἀτὰρ Ἕκτωρ κορυθαίολος
ἔχει τάγε τεύχεα. »
Ἔρατο ὥς·
ὄρινε δὲ θυμὸν Αἴαντι δατέρρον·
βῆ δὲ
διὰ προμάχων,
ἅμα δὲ ξανθὸς Μενέλαος.
Ἕκτωρ μὲν ἕλκε Πάτροκλον,
ἐπεὶ ἀπηύρα
τεύχεα κλυτά,
ἵνα χαλκῷ ὀξέϊ
τάμοι κεφαλὴν ἀπὸ ὤμοιϊν,
δοίη δὲ τὸν νέκυν
κυσὶ Τρωῇσιν
ἐρυσσάμενος·
Αἴας δὲ ἦλθεν ἐγγύθεν,
φέρων σάκος, ἠΰτε πύργον.
Ἕκτωρ δὲ ἰὼν ἄψ
ἀνεχάζετο
ἐς ὅμιλον ἑτέρων,
ἀνόρουσε δὲ ἐς δίφρον·
ὅγε δὲ δίδου Τρωσὶ
καλὰ τεύχεα
φέρειν προτὶ ἄστυ,
ἔμμεναι αὐτῷ μέγα κλέος·
Αἴας δὲ
ἀμφικαλύψας Μενοιτιάδῃ
σάκος εὐρύ,
ἑστήκει, ὥς τίς τε λέων
περὶ οἷσι τέκεσσιν,
ᾧ ῥά τε ἄγοντι
νήπια
ἄνδρες ἐπακτῆρες
συναντήσωνται ἐν ὕλῃ·

« Ajax, mon cher, viens ici,
hâtons-nous de combattre
au-sujet-de Patrocle mort,
pour voir si-toutefois
nous pourrions-rapporter à Achille
son cadavre nu (dépouillé);
mais (car) Hector au-casque-varié
a du moins les armes de Patrocle. »
Il dit ainsi;
et il remua le cœur à Ajax belliqueux;
or celui-ci alla
à travers les premiers-combattants,
et en même temps le blond Ménélas.
Hector à la vérité traînait Patrocle,
lorsqu'il lui eut enlevé
ses armes illustres,
afin que par l'airain aigu
il coupât la tête des épaules,
et donnât le cadavre
aux chiens troyens
l'ayant (après l'avoir) traîné.
Or Ajax vint près,
portant un bouclier, comme une tour.
Mais Hector étant allé en arrière
se retirait
dans la foule de ses compagnons,
et il s'élança sur son char;
et celui-ci donnait aux troyens
les belles armes de Patrocle
à porter vers la ville,
pour être à lui une grande gloire.
Mais Ajax
ayant mis-autour du fils-de-Ménétius
son bouclier large,
se tenait, comme un lion
autour de ses petits,
lequel conduisant
ses jeunes lionceaux
des hommes chasseurs
ont rencontré dans la forêt;

πᾶν δέ τ' ἐπισκύνιον κάτω ἕλκεται, ὅσσε καλύπτων[1]·
ὣς Αἴας περὶ Πατρόκλῳ ἥρωῖ βεβήκει.
Ἀτρείδης δ' ἑτέρωθεν, Ἀρηΐφιλος Μενέλαος,
ἑστήκει, μέγα πένθος ἐνὶ στήθεσσιν ἀέξων.

Γλαῦκος δ', Ἱππολόχοιο πάϊς, Λυκίων ἀγὸς ἀνδρῶν,   110
Ἕκτορ' ὑπόδρα ἰδὼν χαλεπῷ ἠνίπαπε μύθῳ·

« Ἕκτορ, εἶδος ἄριστε, μάχης ἄρα πολλὸν ἐδεύεο·
ἦ σ' αὔτως κλέος ἐσθλὸν ἔχει, φύξηλιν ἐόντα.
Φράζεο νῦν ὅππως κε πόλιν καὶ ἄστυ σαώσεις
οἶος σὺν λαοῖσι τοὶ Ἰλίῳ ἐγγεγάασιν·   115
οὐ γάρ τις Λυκίων γε μαχησόμενος Δαναοῖσιν
εἶσι περὶ πτόλιος· ἐπεὶ οὐκ ἄρα τις χάρις ἦε
μάρνασθαι δηΐοισιν ἐπ' ἀνδράσι νωλεμὲς αἰεί.
Πῶς κε σὺ χείρονα φῶτα σαώσειας μεθ' ὅμιλον,
σχέτλι'! ἐπεὶ Σαρπηδόν', ἅμα ξεῖνον καὶ ἑταῖρον,   150
κάλλιπες Ἀργείοισιν ἕλωρ καὶ κύρμα γενέσθαι;

fière de sa force, elle fronce ses sourcils et voile ses yeux : tel Ajax
marche autour du valeureux Patrocle. De l'autre côté se tient le fils
d'Atrée, le belliqueux Ménélas, qui nourrit dans son âme une vive
douleur.

Glaucus, fils d'Hippoloque, et chef des guerriers lyciens, lance
à Hector un regard irrité et lui adresse ces durs reproches :

'« Hector, toi qui parais si beau, tu étais loin de combattre avec
bravoure! Oui, c'est bien sans raison qu'une noble gloire t'environne,
puisque tu n'es qu'un fuyard. Réfléchis maintenant comment tu
pourras, seul avec tes guerriers troyens, sauver la ville et la citadelle. Car nul des Lyciens n'ira désormais combattre les Grecs pour
la défense d'Ilion, puisque l'ingratitude est le prix de notre constance
à lutter sans relâche contre les ennemis. Malheureux! Comment, dans
la mêlée, sauverais-tu un guerrier obscur, lorsque tu as laissé Sarpédon, ton hôte et ton ami, devenir la proie et la conquête des Argiens?

ὁ δέ τε βλεμεαίνει σθένεϊ·
ἕλκεται δέ τε κάτω
πᾶν ἐπισκύνιον,
καλύπτων ὄσσε·
ὣς Αἴας βεβήκει
περὶ ἥρωϊ Πατρόκλῳ.
Ἑτέρωθεν δὲ ἑστήκει
Ἀτρείδης, Μενέλαος Ἀρηΐφιλος,
ἀέξων
ἐνὶ στήθεσσι
μέγα πένθος.

Γλαῦκος δὲ, πάϊς Ἱππολόχοιο,
ἀγὸς ἀνδρῶν Λυκίων,
ἰδὼν ὑπόδρα Ἕκτορα
ἠνίπαπε μύθῳ χαλεπῷ·

« Ἕκτορ, ἄριστε εἶδος,
πολλὸν ἄρα
ἐδεύεο μάχης·
ἦ αὔτως
κλέος ἐσθλὸν ἔχει
σε ἐόντα φύξηλιν.
Φράζεο νῦν ὅππως
οἶος σὺν λαοῖσι
τοὶ ἐγγεγάασιν Ἰλίῳ
κε σαώσεις
πόλιν καὶ ἄστυ·
οὔτις γὰρ Λυκίων γε
εἶσι μαχησόμενος Ἀχαιοῖσι
περὶ πτόλιος·
ἐπεὶ ἄρα οὔτις χάρις
ἦε μάρνασθαι
ἐπὶ ἀνδράσι δηΐοισι
νωλεμὲς αἰεί.
Πῶς σὺ, σχέτλιε,
σαώσειάς κε μετὰ ὅμιλον
φῶτα χείρονα,
ἐπεὶ κάλλιπες Σαρπηδόνα,
ἅμα ξεῖνόν καὶ ἑταῖρον,
γενέσθαι Ἀργείοισιν
ἕλωρ καὶ κύρμα;

or celui-ci est-fier de sa force;
et il ramène en bas
tout son sourcil,
cachant ses yeux :
ainsi Ajax marchait
autour du héros Patrocle.
Et de-l'autre-côté se tenait
le fils-d'Atrée, Ménélas cher-à-Mars,
augmentant (amassant)
dans sa poitrine
une grande douleur.

Or Glaucus, fils d'Hippoloque,
chef des guerriers Lyciens,
ayant regardé en-dessous Hector
le gourmanda par cette parole dure :

« Hector, le meilleur en beauté,
de beaucoup certes
tu étais (es)-au-dessous de la lutte;
certes ainsi (sans raison)
une gloire noble a (environne)
toi étant fuyard.
Songe maintenant comment
seul avec les guerriers
qui sont nés-dans Ilion
tu pourras-sauver
la ville et la citadelle;
car aucun des Lyciens du moins
n'ira plus devant combattre les Grecs
pour la ville;
puisque donc aucune reconnaissance
ne fut pour nous de combattre
contre des hommes ennemis
incessamment toujours.
Comment toi, malheureux,
aurais-tu sauvé dans la foule
un homme inférieur (obscur),
puisque tu as laissé Sarpédon,
à la fois hôte et ami,
devenir pour les Argiens
une proie et un butin?

Ὅς τοι πόλλ' ὄφελος γένετο πτόλεΐ τε καὶ αὐτῷ,
ζωὸς ἐών· νῦν δ' οὔ οἱ ἀλαλκέμεναι κύνας ἔτλης.
Τῷ νῦν εἴ τις ἐμοὶ Λυκίων ἐπικείσεται ἀνδρῶν,
οἴκαδ' ἴμεν, Τροίη δὲ πεφήσεται αἰπὺς ὄλεθρος.   155
Εἰ γὰρ νῦν Τρώεσσι μένος πολυθαρσὲς ἐνείη,
ἄτρομον, οἷόν τ' ἄνδρας ἐσέρχεται οἳ περὶ πάτρης
ἀνδράσι δυσμενέεσσι πόνον καὶ δῆριν ἔθεντο,
αἶψά κε Πάτροκλον ἐρυσαίμεθα Ἴλιον εἴσω.
Εἰ δ' οὗτος προτὶ ἄστυ μέγα Πριάμοιο ἄνακτος   150
ἔλθοι τεθνηὼς, καί μιν ἐρυσαίμεθα χάρμης,
αἶψά κεν Ἀργεῖοι Σαρπηδόνος ἔντεα καλὰ
λύσειαν, καί κ' αὐτὸν ἀγοίμεθα Ἴλιον εἴσω.
Τοίου γὰρ θεράπων πέφατ' ἀνέρος, ὃς μέγ' ἄριστος
Ἀργείων παρὰ νηυσί, καὶ ἀγχέμαχοι θεράποντες.   165
Ἀλλὰ σύ γ' Αἴαντος μεγαλήτορος οὐκ ἐτάλασσας

Sarpédon qui, durant sa vie, fut tant de fois le rempart de la ville et
le tien; et tu n'as pas eu le courage d'écarter de lui les chiens dévorants! Aussi maintenant, si les guerriers lyciens veulent suivre mes
avis, nous retournerons dans notre patrie, et Troie verra bientôt
éclater sur elle d'épouvantables malheurs. Si les Troyens étaient animés de ce courage audacieux et intrépide qui pénètre les cœurs des
hommes, lorsque, pour défendre leurs foyers, ils soutiennent contre
l'ennemi une lutte acharnée, nous aurions bientôt entraîné Patrocle
dans les murs d'Ilion. Si les restes de ce héros, arrachés du champ
de bataille, étaient portés dans la grande cité du roi Priam, les Argiens nous donneraient en échange les belles armes de Sarpédon, et
nous le ramènerions lui-même dans les murs de Troie. Car il n'est
plus, le compagnon de cet Achille le plus vaillant des Grecs, et avec
lui ont succombé de valeureux combattants. Et toi, tu n'as pas osé

'Ος τοι, ἐὼν ζωὸς,   Lequel certes, étant vivant,
γένετο πολλὰ   fut en beaucoup de choses (souvent)
ὄφελος   une utilité (utile)
πτόλεί τε καὶ αὐτῷ·   et à la ville et à toi-même ;
νῦν δὲ οὐκ ἔτλης   et maintenant tu n'as pas osé
ἀλαλκέμεναί οἱ κύνας.   écarter de lui les chiens.
Τῷ νῦν   C'est-pourquoi maintenant
εἴ τις ἀνδρῶν Λυκίων   si quelqu'un des guerriers Lyciens
ἐπιπείσεται ἐμοὶ,   obéit à moi,
ἴμεν οἴκαδε,   il faut rentrer dans-la-patrie,
ὄλεθρος δὲ αἰπὺς   et une perte épouvantable
πεφήσεται Τροίη.   sera-manifeste pour Troie.
Εἰ γὰρ νῦν   Car si maintenant
μένος πολυθαρσὲς, ἄτρομον,   le courage très-audacieux, intrépide,
ἐνείη Τρώεσσιν,   était-dans les Troyens,
οἷόν τε ἐσέρχεται ἄνδρας   tel qu'il pénètre les hommes
οἳ περὶ πάτρης ἔθεντο   qui pour la patrie ont revêtu (engagé)
πόνον καὶ δῆριν   le travail-du-combat et la lutte
ἀνδράσι δυσμενέεσσιν,   contre des hommes ennemis,
αἶψά κεν ἐρυσαίμεθα Πάτροκλον   aussitôt nous aurions tiré Patrocle
εἴσω Ἴλιον.   en dedans d'Ilion.
Εἰ δὲ οὗτος τεθνηὼς   Mais si celui-ci mort
ἔλθοι   venait (était porté)
προτὶ ἄστυ μέγα   vers la ville grande
ἄνακτος Πριάμοιο,   du roi Priam,
καὶ ἐρυσαίμεθά μιν   et que nous eussions retiré lui
χάρμης,   du combat,
αἶψα Ἀργεῖοι   aussitôt les Argiens
λύσειάν κε   rendraient-à-ce-prix
καλὰ ἔντεα Σαρπηδόνος,   les belles armes de Sarpédon,
καὶ ἀγοίμεθά κεν αὐτὸν   et nous conduirions lui
εἴσω Ἴλιον.   en dedans d'Ilion.
Πέφατο γὰρ   Car il a été tué
θεράπων τοίου ἀνέρος,   le compagnon d'un tel homme,
ὃς μέγα   lequel est de beaucoup
ἄριστος Ἀργείων   le plus brave des Argiens
παρὰ νηυσὶ,   auprès des vaisseaux,
καὶ θεράποντες   ainsi-que ses compagnons
ἀγχέμαχοι.   qui-combattent-de-près.
Ἀλλὰ σύγε οὐκ ἐτάλασσας   Mais toi-du-moins tu n'as pas osé

στήμεναι ἄντα, κατ' ὄσσε ἰδὼν δηίων ἐν αὐτῇ,
οὐδ' ἰθὺς μαχέσασθαι· ἐπεὶ σέο φέρτερός ἐστι. »

Τὸν δ' ἄρ' ὑπόδρα ἰδὼν προσέφη κορυθαίολος Ἕκτωρ·

« Γλαῦκε, τίη δὲ σὺ, τοῖος ἐὼν, ὑπέροπλον ἔειπες;   110
Ὦ πόποι, ἦ τ' ἐφάμην σε περὶ φρένας ἔμμεναι ἄλλων
τῶν ὅσσοι Λυκίην ἐριβώλακα ναιετάουσι·
νῦν δέ σευ ὠνοσάμην πάγχυ φρένας, οἷον ἔειπες·
ὅστε με φῂς Αἴαντα πελώριον οὐχ ὑπομεῖναι.
Οὔτοι ἐγὼν ἔρριγα μάχην!, οὐδὲ κτύπον ἵππων·   115
ἀλλ' αἰεί τε Διὸς κρείσσων νόος αἰγιόχοιο,
ὅστε καὶ ἄλκιμον ἄνδρα φοβεῖ, καὶ ἀφείλετο νίκην
ῥηϊδίως, ὁτὲ δ' αὐτὸς ἐποτρύνει μαχέσασθαι.
Ἀλλ' ἄγε δεῦρο, πέπον, παρ' ἔμ' ἵστασο, καὶ ἴδε ἔργον·
ἠὲ πανημέριος κακὸς ἔσσομαι, ὡς ἀγορεύεις,   120

résister au magnanime Ajax, dont tu as aperçu les regards dans la mêlée, et tu n'as pas osé te mesurer avec lui, parce qu'il est plus brave que toi. »

Hector, au casque étincelant, lançant à Glaucus un regard irrité, lui répond aussitôt :

« Glaucus, pourquoi donc toi, si sensé, tiens-tu ce langage hautain? Grands dieux! Je te croyais le plus prudent de tous ceux qui habitent la fertile Lycie; mais je dois aujourd'hui blâmer ta sagesse, lorsque tu prétends que je n'ai point soutenu l'attaque du terrible Ajax. Je n'ai jamais redouté ni les batailles, ni le bruit des coursiers; mais je me soumets à la volonté du maître de l'égide, de Jupiter, qui met en fuite un guerrier courageux et lui enlève facilement la victoire, tandis que parfois il l'excite lui-même à combattre. Ami, viens ici, reste près de moi, et sois témoin de mes actions; vois si durant tout le jour je ne serai qu'un lâche, comme tu le dis, ou si je saurai

στήμεναι ἄντα | te tenir en-face
Αἴαντος μεγαλήτορος, | d'Ajax magnanime,
κατιδὼν ὄσσε | ayant aperçu ses yeux
ἐν αὐτῇ δηίων, | dans le combat des ennemis,
οὐδὲ μαχέσασθαι ἰθύς· | ni combattre directement contre lui;
ἐπεί ἐστι φέρτερός σεο. » | puisqu'il est plus fort que toi. »

Ἕκτωρ δὲ ἄρα κορυθαίολος | Or donc Hector au-casque-varié
ἰδὼν ὑπόδρα | l'ayant regardé en-dessous
προσέφη τόν· | dit-à lui :

« Γλαῦκε, τίη δὲ σύ, | « Glaucus, pourquoi donc toi,
ἐὼν τοῖος, | étant tel,
ἔειπες ὑπέροπλον; | as-tu parlé orgueilleusement?
Ὦ πόποι, ἦ τε ἐφάμην | O grands-dieux! certes je pensais
σε φρένας | toi quant à l'esprit
περιέμμεναι ἄλλων, | être-au-dessus des autres,   [tant
τῶν ὅσσοι ναιετάουσι | de ceux autant-qu'ils-sont-qui habi-
Λυκίην ἐριβώλακα· | la Lycie aux-mottes-fertiles;
νῦν δὲ | mais maintenant
ὠνοσάμην πάγχυ | j'ai blâmé (je blâme) entièrement
φρένας σευ, | l'esprit de toi,
οἷον ἔειπες· | pour ce que tu as dit;
ὅστε φής | toi qui prétends
με οὐχ ὑπομεῖναι | moi n'avoir point soutenu
πελώριον Αἴαντα. | le redoutable Ajax.
Ἐγὼν οὔτοι ἔρριγα | Moi je n'ai nullement eu-peur
μάχην, οὐδὲ κτύπον ἵππων· | du combat, ni du bruit des chevaux;
ἀλλά τε νόος | mais la pensée (la volonté)
Διὸς αἰγιόχοιο | de Jupiter maître-de-l'égide
αἰεὶ κρείσσων, | est toujours supérieure,
ὅστε καὶ φοβεῖ | lequel et met-en-fuite
ἄνδρα ἄλκιμον, | un guerrier courageux,
καὶ ἀφείλετο ῥηϊδίως | et lui a enlevé (lui enlève) facilement
νίκην, | la victoire,
αὐτὸς δὲ ὁτὲ | et lui-même parfois
ἐποτρύνει μαχέσασθαι. | l'excite à combattre.
Ἀλλὰ ἄγε δεῦρο, πέπον, | Mais allons, viens ici, mon cher,
ἵστασο παρὰ ἐμοί, | tiens-toi près de moi,
καὶ ἴδε ἔργον, | et vois mon ouvrage,
ἠὲ πανημέριος | si durant-tout-le-jour
ἔσσομαι κακός, ὡς ἀγορεύεις, | je serai un lâche, comme tu le dis,

ἤ τινα καὶ Δαναῶν, ἀλκῆς μάλα περ μεμαῶτα,
σχήσω ἀμυνέμεναι περὶ Πατρόκλοιο θανόντος. »

    Ὣς εἰπὼν, Τρώεσσιν ἐκέκλετο, μακρὸν ἀΰσας·

    « Τρῶες καὶ Λύκιοι καὶ Δάρδανοι ἀγχιμαχηταί,
ἀνέρες ἔστε, φίλοι, μνήσασθε δὲ θούριδος ἀλκῆς,   185
ὄφρ' ἂν ἐγὼν Ἀχιλῆος ἀμύμονος ἔντεα δύω
καλὰ, τὰ Πατρόκλοιο βίην ἐνάριξα κατακτάς. »

    Ὣς ἄρα φωνήσας, ἀπέβη κορυθαίολος Ἕκτωρ
δηΐου ἐκ πολέμοιο· θέων δ' ἐκίχανεν ἑταίρους
ὦκα μάλ', οὔπω τῆλε, ποσὶ κραιπνοῖσι μετασπὼν,   190
οἳ προτὶ ἄστυ φέρον κλυτὰ τεύχεα Πηλεΐδαο.
Στὰς δ' ἀπάνευθε μάχης πολυδακρύτου, ἔντε' ἄμειβεν·
ἤτοι ὃ μὲν τὰ ἃ δῶκε φέρειν προτὶ Ἴλιον ἱρὴν,
Τρωσὶ φιλοπτολέμοισιν· ὃ δ' ἄμβροτα τεύχεα δῦνε
Πηλεΐδεω Ἀχιλῆος, ἅ οἱ θεοὶ Οὐρανίωνες   195

repousser, malgré sa généreuse ardeur, celui des Grecs qui viendra
venger la mort de Patrocle. »

    Il dit, et d'une voix formidable il exhorte ainsi les Troyens :

    « Troyens, Lyciens, valeureux Dardaniens, soyez hommes de cœur,
amis, et souvenez-vous de votre impétueuse valeur, tandis que je vais
revêtir les belles armes dont j'ai dépouillé le vaillant Patrocle tombé
sous mes coups. »

    A ces mots, Hector, au casque étincelant, se retire du combat
meurtrier. Il s'élance, et d'une course rapide il atteint bientôt ses
compagnons qui n'étaient pas encore bien éloignés et qui portaient
vers la ville les armes illustres du fils de Pélée. Se tenant alors loin
de la déplorable mêlée, il change d'armure ; il ordonne aux belliqueux
Troyens de porter la sienne dans la ville sacrée d'Ilion, et lui-même
revêt les armes immortelles d'Achille, présent dont les dieux hono-

ἢ σχήσω
καί τινα Δαναῶν,
μεμαῶτά περ ἀλκῇ;
μάλα,
ἀμυνέμεναι
περὶ Πατρόκλοιο θανόντος. »

ou si je retiendrai (j'empécherai)
méme quelqu'un des Grecs,
quoique étant-ardent de courage
grandement,
de lutter
pour Patrocle mort. »

Εἰπὼν ὥς,
ἐκέλετο Τρώεσσιν,
ἀύσας μακρόν·

Ayant dit ainsi,
il exhortait les Troyens,
ayant crié haut :

« Τρῶες καὶ Λύκιοι
καὶ Δάρδανοι ἀγχιμαχηταί,
ἔστε ἀνέρες, φίλοι,
μνήσασθε δὲ
ἀλκῆς θούριδος,
ὄφρα ἐγὼν ἂν δύω
ἔντεα καλὰ
Ἀχιλῆος ἀμύμονος,
τὰ ἐνάριξα
βίην Πατρόκλοιο
κατακτάς. »

« Troyens et Lyciens
et Dardaniens combattant-de-près,
soyez hommes, amis,
et souvenez-vous
de votre valeur impétueuse,
jusqu'à ce que moi j'aie revêtu
les armes belles
d'Achille irréprochable,
desquelles j'ai dépouillé
la force de (le valeureux) Patrocle
l'ayant tué. »

Φωνήσας ἄρα ὥς,
Ἕκτωρ κορυθαίολος
ἀπέβη ἐκ πολέμοιο δηίου·
θέων δὲ ἐκίχανε μάλα ὦκα,
οὔπω τῆλε,
μετασπὼν
ποσὶ κραιπνοῖσιν,
ἑταίρους,
οἳ φέρον προτὶ ἄστυ
τεύχεα κλυτὰ Πηλείδαο.
Στὰς δὲ ἀπάνευθε
μάχης πολυδακρύτου,
ἄμειβεν ἔντεα·
ἤτοι ὁ μὲν δῶκε τὰ ἃ
Τρωσὶ φιλοπτολέμοισι
φέρειν προτὶ Ἴλιον ἱρήν·
ὁ δὲ δῦνε
τεύχεα ἄμβροτα
Ἀχιλῆος Πηλείδεω,
ἃ θεοὶ Οὐρανίωνες

Ayant parlé donc ainsi,
Hector au-casque-varié
se retira du combat funeste ;
et en courant il atteignit bien-vite,
pas-encore loin,
les ayant suivis
avec des pieds rapides,
ses compagnons,
qui portaient vers la ville
les armes illustres du fils-de-Pélée.
Et se tenant loin
du combat très-déplorable,
il changeait d'armes ;
en effet celui-ci donna les siennes
aux Troyens belliqueux,
pour les porter vers Ilion sacrée ;
et lui-même revêtait
les armes immortelles
d'Achille fils-de-Pélée,
lesquelles les dieux célestes

πατρὶ φίλῳ ἔπορεν· ὁ δ' ἄρα ᾧ παιδὶ ὄπασσε
γηράς· ἀλλ' οὐχ υἱὸς ἐν ἔντεσι πατρὸς ἐγήρα.

Τὸν δ' ὡς οὖν ἀπάνευθεν ἴδεν νεφεληγερέτα Ζεύς,
τεύχεσι Πηλείδαο κορυσσόμενον θείοιο,
κινήσας ῥὰ κάρη, προτὶ ὃν μυθήσατο θυμόν·   200

« Ἀ δειλ', οὐδέ τί τοι θάνατος καταθύμιός ἐστιν,
ὅς δή τοι σχεδόν ἐστι· σὺ δ' ἄμβροτα τεύχεα δύνεις
ἀνδρὸς ἀριστῆος, τόντε τρομέουσι καὶ ἄλλοι.
Τοῦ δὴ ἑταῖρον ἔπεφνες ἐνηέα τε κρατερόν τε·
τεύχεα δ' οὐ κατὰ κόσμον ἀπὸ κρατός τε καὶ ὤμων   205
εἷλευ. Ἀτάρ τοι νῦν γε μέγα κράτος ἐγγυαλίξω,
τῶν ποινὴν, ὅ τοι οὔτι μάχης ἐκ νοστήσαντι
δέξεται Ἀνδρομάχη κλυτὰ τεύχεα Πηλείωνος. »

Ἦ, καὶ κυανέῃσιν ἐπ' ὀφρύσι νεῦσε Κρονίων.
Ἕκτορι δ' ἥρμοσε τεύχε' ἐπὶ χροΐ· δῦ δέ μιν Ἄρης   210
δεινὸς, ἐνυάλιος· πλῆσθεν δ' ἄρα οἱ μέλε' ἐντὸς

---

rèrent jadis Pélée son père. Ce héros, dans sa vieillesse, les transmit
à son fils; mais Achille n'a point vieilli sous l'armure de son père.

Lorsque Jupiter, le dieu des nuages, voit Hector à l'écart se couvrir des armes du divin fils de Pélée, il agite sa tête et dit en son
cœur :

« Infortuné! La mort n'est point présente à ta pensée, et cependant
elle est près de toi. Tu revêts les armes immortelles d'un héros qui
fait trembler tous les autres guerriers. Tu as tué son doux et valeureux compagnon, et tu as indignement arraché ses armes de sa tête et
de ses épaules. Cependant je t'accorderai une victoire éclatante pour
te dédommager de ce qu'Andromaque ne recevra pas de tes mains, à
ton retour du combat, les armes illustres du fils de Pélée. »

A ces mots, le fils de Saturne abaisse ses noirs sourcils pour con-
firmer sa promesse. Les armes s'adaptaient bien à la taille d'Hector;
le terrible et redoutable Mars pénètre l'âme du héros et remplit ses

ἴκορον πατρὶ φίλῳ οἵ·
ὁ δὲ ἄρα γηράς,
ὄπασσεν ᾧ παιδί·
ἀλλὰ υἱὸς οὐκ ἐγήρα
ἐν ἔντεσι πατρός.

Ὡς δὲ οὖν Ζεὺς
νεφεληγερέτα
ἴδεν ἀπάνευθε
τόν, κορυσσόμενον τεύχεσι
θείοιο Πηλείδαο,
κινήσας ῥα κάρη,
μυθήσατο προτὶ ὃν θυμόν·
« Ἀ δειλέ,
θάνατος οὐδέ τί ἐστι
καταθύμιός τοι,
ὅς δή ἐστί τοι σχεδόν·
σὺ δὲ δύνεις τεύχεα ἄμβροτα
ἀνδρὸς ἀριστῆος,
τόντε ἄλλοι καὶ τρομέουσιν.
Ἔπεφνες δὴ ἑταῖρον τοῦ
ἐνηέα τε κρατερόν τε·
εἷλεν δὲ τεύχεα
ἀπὸ κρατός τε καὶ ὤμων
οὐ κατὰ κόσμον.
Ἀτὰρ νῦν γε
ἐγγυαλίξω τοι κράτος μέγα,
ποινὴν
τῶν,
ὃ Ἀνδρομάχη οὔτι δέξεται
τεύχεα κλυτὰ Πηλεΐδου
τοὶ νοστήσαντι ἐκ μάχης. »
Κρονίων ἦ,
καὶ ἐπένευσεν
ὀφρύσι κυανέῃσι.
Τεύχεα δὲ ἥρμοσεν Ἕκτορι
ἐπὶ χροΐ·
Ἄρης δὲ δεινός, ἐνυάλιος,
δῦ μιν·
μέλεα δέ οἱ ἄρα
πλῆσθεν ἐντός·

donnèrent au père chéri à (de) lui ;
et celui-ci donc ayant vieilli
les remit à son fils ;
mais le fils ne vieillit point
dans les armes de son père.

Or donc lorsque Jupiter
qui-assemble-les-nuages
eut vu à l'écart
lui, s'armant (se couvrant) des armes
du divin fils-de-Pélée,
ayant agité certes sa tête,
il parla à (en) son cœur :
« Ah ! malheureux,
la mort n'est en rien
présente-à-l'esprit à toi,
laquelle déjà est à toi tout-près ;
et tu revêts les armes immortelles
d'un homme très-brave,
lequel les autres aussi redoutent.
Tu as tué certes le compagnon de lui
et doux et courageux ;
et tu as enlevé ses armes
et de sa tête et de ses épaules
non selon la convenance.
Cependant maintenant du moins
j'accorderai à toi une victoire grande,
comme dédommagement
de ces choses (de ceci),
qu'Andromaque ne recevra point
les armes illustres du fils-de-Pélée
de toi étant revenu du combat. »
Le fils-de-Saturne dit,
et fit-un-signe
par ses sourcils azurés (noirs).
Or les armes allèrent-bien à Hector
sur son corps ;
et Mars terrible, belliqueux,
pénétra (s'empara de) lui ;
et les membres à lui donc
furent remplis en dedans.

ἀλκῆς καὶ σθένεος. Μετὰ δὲ κλειτοὺς ἐπικούρους
βῆ ῥα μέγα ἰάχων· ἰνδάλλετο¹ δέ σφισι πᾶσι,
τεύχεσι λαμπόμενος μεγαθύμου Πηλείωνος.
Ὤτρυνεν δὲ ἕκαστον ἐποιχόμενος ἐπέεσσι,   213
Μέσθλην τε Γλαῦκόν τε, Μέδοντά τε Θερσίλοχόν τε,
Ἀστεροπαῖόν τε Δεισήνορά θ' Ἱππόθοόν τε,
Φόρκυν τε Χρομίον τε καὶ Ἔννομον οἰωνιστήν·
τοὺς ὅγ' ἐποτρύνων, ἔπεα πτερόεντα προσηύδα·

« Κέκλυτε, μυρία φῦλα περικτιόνων ἐπικούρων·   22.
οὐ γὰρ ἐγὼ πληθὺν διζήμενος, οὐδὲ χατίζων,
ἐνθάδ' ἀφ' ὑμετέρων πολίων ἤγειρα ἕκαστον,
ἀλλ' ἵνα μοι Τρώων ἀλόχους καὶ νήπια τέκνα
προφρονέως ῥύοισθε φιλοπτολέμων ὑπ' Ἀχαιῶν·
τὰ φρονέων, δώροισι κατατρύχω καὶ ἐδωδῇ   223
λαούς, ὑμέτερον δὲ ἑκάστου θυμὸν ἀέξω.
Τῷ τις νῦν ἰθὺς τετραμμένος, ἢ ἀπολέσθω,
ἠὲ σαωθήτω· ἢ γὰρ πολέμου ὀαριστύς.
Ὃς δέ κε Πάτροκλον, καὶ τεθνηῶτά περ, ἔμπης

membres de force et de vigueur. Hector s'avance à grands cris vers
les illustres alliés, et se montre à tous, sous l'armure étincelante du
fils de Pélée. Il va de rang en rang exhorter les chefs, Mesthlès,
Glaucus, Médon, Thersiloque, Astéropée, Disénor, Hippothoüs,
Phorcys, Chromius et l'augure Ennomus, et, pour les exciter, il leur
adresse ces paroles qui volent rapides :

« Tribus nombreuses des alliés voisins, écoutez-moi. Ce n'est point
pour réunir une vaine multitude dont je n'ai nullement besoin, que
je vous ai attirés en ces lieux du sein de vos villes; mais je cherchais
des guerriers ardents à repousser les Grecs belliqueux loin de nos
épouses et de nos jeunes enfants. Aussi j'épuise mes peuples pour
vous récompenser, vous nourrir et accroître ainsi votre zèle. Que
chacun de vous aujourd'hui, tournant ses efforts contre l'ennemi,
succombe ou soit sauvé : telles sont les lois de la guerre. Celui de
vous qui entraînera Patrocle, quoique mort, au milieu des Troyens

ἀλκῆς καὶ σθένεος.
de vigueur et de force.

Βῆ δὲ ῥα ἰάχων μέγα
Et il alla donc criant grandement

μετὰ ἐπικούρους κλειτούς·
vers les alliés illustres;

ἰνδάλλετο δέ σφισι πᾶσι,
et il apparaissait à eux tous,

λαμπόμενος τεύχεσι
resplendissant par les armes

μεγαθύμου Πηλείωνος.
du magnanime fils-de-Pélée.

Ὤτρυνε δὲ ἐπέεσσιν,
Et il excitait par des paroles,

ἐποιχόμενος ἕκαστον,
allant-à chacun,

Μέσθλην τε Γλαῦκόν τε,
et Nesthlès et Glaucus,

Μέδοντά τε Θερσίλοχόν τε,
et Médon et Thersiloque,

Ἀστεροπαῖόν τε Δεισήνορά τε
et Astéropée et Disénor

Ἱππόθοόν τε,
et Hippothoüs,

Φόρκυν τε Χρομίον τε
et Phorcys et Chromius

καὶ οἰωνιστὴν Ἔννομον·
et l'augure Ennomus;

ὅγε ἐποτρύνων τοὺς
celui-ci excitant eux

προσηύδα ἔπεα πτερόεντα·
leur adressait *ces* paroles ailées :

« Κέκλυτε, φῦλα μυρία
« Écoutez, tribus innombrables

ἐπικούρων περικτιόνων·
d'alliés voisins;

οὐ γὰρ διζήμενος πληθύν,
car *ce n'est* pas cherchant une foule,

οὐδὲ χατίζων,
ni *en* ayant-besoin,

ἐγὼ ἤγειρα ἐνθάδε
que moi j'ai fait-venir ici

ἕκαστον
chacun *de vous*

ἀπὸ ὑμετέρων πολίων·
de vos villes;   [moi

ἀλλὰ ἵνα ῥύοισθέ μοι
mais afin que vous protégeassiez à

προφρονέως·
avec-ardeur

ὑπὸ Ἀχαιῶν φιλοπτολέμων
contre les Achéens belliqueux

ἀλόχους·
les épouses;

καὶ νήπια τέκνα Τρώων·
et les jeunes enfants des Troyens;

φρονέων τά,
ayant-dans-l'esprit ces choses,

κατατρύχω λαοὺς
j'épuise *mes* peuples

δώροισι καὶ ἐδωδῇ,
de dons et de vivres,

ἄξω δὲ ὑμέτερον θυμὸν ἑκάστου.
et j'accrois votre cœur de (à) chacun.

Τῷ νῦν
C'est-pourquoi que maintenant

τις
quelqu'un (chacun de vous)

τετραμμένος ἰθύς,
s'étant *tourné* droit *contre* l'ennemi,

ἢ ἀπολέσθω, ἠὲ σαωθήτω·
ou périsse, ou soit sauvé;

ἢ γὰρ δαριστὺς πολέμου.
car *c'est là* le commerce de la guerre.

Τῷ δὲ ὅς κεν ἐρύσῃ Πάτροκλον,
Or à celui qui aura traîné Patrocle,

καίπερ τεθνηῶτα,
quoique mort,

ἔμπης ἐς Τρῶας
néanmoins vers les Troyens

Τρῶας ἐς ἱπποδάμους ἐρύσῃ, εἴξῃ δέ οἱ Αἴας, 230
ἥμισυ τῷ ἐνάρων ἀποδάσσομαι, ἥμισυ δ' αὐτὸς
ἕξω ἐγώ· τὸ δέ οἱ κλέος ἔσσεται ὅσσον ἐμοί περ. »

Ὣς ἔφαθ'· οἱ δ' ἰθὺς Δαναῶν βρίσαντες ἔβησαν,
δούρατ' ἀνασχόμενοι· μάλα δέ σφισιν ἔλπετο θυμὸς
νεκρὸν ὑπ' Αἴαντος ἐρύειν Τελαμωνιάδαο· 235
νήπιοι! ἦ τε πολέσσιν ἐπ' αὐτῷ θυμὸν ἀπηύρα.
Καὶ τότ' ἄρ Αἴας εἶπε βοὴν ἀγαθὸν Μενέλαον·

« Ὦ πέπον, ὦ Μενέλαε Διοτρεφὲς, οὐκέτι νῶϊ
ἔλπομαι αὐτώ περ νοστησέμεν ἐκ πολέμοιο.
Οὔτι τόσον νέκυος περιδείδια Πατρόκλοιο, 240
ὅς κε τάχα Τρώων κορέει κύνας ἠδ' οἰωνούς,
ὅσσον ἐμῇ κεφαλῇ περιδείδια, μή τι πάθῃσι,
καὶ σῇ· ἐπεὶ πολέμοιο νέφος περὶ πάντα καλύπτει,
Ἕκτωρ·, ἡμῖν δ' αὖτ' ἀναφαίνεται αἰπὸς ὄλεθρος.
Ἀλλ' ἄγ', ἀριστῆας Δαναῶν κάλει, ἤν τις ἀκούσῃ. » 245

dompteurs de coursiers, et qui fera reculer Ajax, recevra la moitié des dépouilles tandis que l'autre moitié sera pour moi; et sa gloire égalera la mienne. »

Il dit, et, levant leurs lances, ils fondent sur les Grecs avec impétuosité; ils espèrent dans leur cœur arracher les restes de Patrocle à Ajax fils de Télamon. Les insensés! Combien des leurs seront immolés sur ce cadavre! Alors Ajax dit au vaillant Ménélas :

« Mon ami, ô Ménélas, élève de Jupiter, je ne pense pas que nous revenions jamais tous deux du combat. Je ne crains pas autant pour le corps de Patrocle, qui bientôt sans doute deviendra la pâture des chiens et des vautours, que pour ta tête et pour la mienne. Un nuage de guerre nous environne de toutes parts, c'est Hector; et je n'entrevois qu'une ruine épouvantable. Courage cependant; appelle les chefs des Grecs, et puissent-ils répondre à ta voix! »

ἱπποδάμους,	dompteurs-de-chevaux,
οἱ δὲ εἴξῃ Αἴας,	et à lui (à qui) aura cédé Ajax,
ἀποδάσσομαι ἥμισυ ἐνάρων,	j'accorderai la moitié des dépouilles,
ἐγὼ δὲ αὐτὸς ἕξω ἥμισυ·	et moi-même j'aurai la moitié ;
τὸ δὲ κλέος ἔσσεταί οἱ	et la gloire sera à lui
ὅσσον ἐμοί περ. »	aussi grande qu'à moi du moins. »
Ἔρατο ὥς· οἱ δὲ,	Il dit ainsi ; et ceux-ci,
ἀνασχόμενοι δούρατα,	ayant levé leurs lances,
ἔβησαν ἰθὺς Δαναῶν	marchèrent droit contre les Grecs
βρίσαντες·	ayant fait-une-charge ;
θυμὸς δέ σφισιν	et le cœur à eux
ἔλπετο μάλα	espérait beaucoup
ἐρύειν νεκρὸν	arracher le mort
ὑπὸ Αἴαντος Τελαμωνιάδαο·	de dessous Ajax fils-de-Télamon ;
νήπιοι!	insensés ;
ἦ τε ἀπηύρα θυμὸν	certes il a enlevé la vie
πολέσσιν ἐπὶ αὐτῷ. —	à beaucoup sur lui (sur le cadavre).
Καὶ τότε ἄρ Αἴας εἶπε	Et alors donc Ajax dit
Μενέλαον ἀγαθὸν βοήν·	à Ménélas brave au combat :
« Ὦ πέπον,	« O mon cher,
ὦ Μενέλαε Διοτρεφές,	ô Ménélas élevé-par-Jupiter,
οὐκέτι ἔλπομαι	je n'espère plus
νῶι αὐτώ περ	nous-mêmes du moins
νοστησέμεν ἐκ πολέμοιο.	devoir revenir du combat.
Οὔτι περιδείδια τόσον	Je ne crains nullement autant
νέκυος Πατρόκλοιο,	pour le cadavre de Patrocle,
ὃς τάχα κε κορέει κύνας	qui bientôt rassasiera les chiens
ἠδὲ οἰωνοὺς Τρώων,	et les oiseaux-de-proie des Troyens,
ὅσσον περιδείδια ἐμῇ κεφαλῇ,	que je crains-pour ma tête,
καὶ σῇ,	et pour la tienne, [malheur ;
μὴ πάθῃσί τι·	de peur qu'elle ne souffre quelque
ἐπεὶ νέφος πολέμοιο,	puisqu'un nuage de guerre,
Ἕκτωρ,	à savoir Hector,
περικαλύπτει πάντα,	enveloppe tout,
ἡμῖν δὲ αὖτε	et pour nous d'un-autre-côté
ἀναφαίνεται ὄλεθρος αἰπύς.	apparaît une perte épouvantable.
Ἀλλὰ ἄγε,	Mais allons,
κέλευ ἀριστῆας Δαναῶν,	appelle les meilleurs des Grecs,
ἤν τις	pour voir si quelqu'un
ἀκούσῃ. »	t'aura entendu. »

2.

Ὡς ἔφατ'· οὐδ' ἀπίθησε βοὴν ἀγαθὸς Μενέλαος·
ἤϋσεν δὲ διαπρύσιον, Δαναοῖσι γεγωνώς·

« Ὦ φίλοι, Ἀργείων ἡγήτορες ἠδὲ μέδοντες,
οἵτε παρ' Ἀτρείδης, Ἀγαμέμνονι καὶ Μενελάῳ,
δήμια πίνουσιν, καὶ σημαίνουσιν ἕκαστος   250
λαοῖς (ἐκ δὲ Διὸς τιμὴ καὶ κῦδος ὀπηδεῖ)·
ἀργαλέον δέ μοί ἐστι διασκοπιᾶσθαι ἕκαστον
ἡγεμόνων· τόσση γὰρ ἔρις πολέμοιο δέδηεν·
ἀλλά τις αὐτὸς ἴτω, νεμεσιζέσθω δ' ἐνὶ θυμῷ
Πάτροκλον Τρωῇσι κυσὶν μέλπηθρα γενέσθαι. »   255

Ὡς ἔφατ'· ὀξὺ δ' ἄκουσεν Ὀϊλῆος ταχὺς Αἴας·
πρῶτος δ' ἀντίος ἦλθε θέων ἀνὰ δηϊοτῆτα.
Τὸν δὲ μετ' Ἰδομενεύς, καὶ ὀπάων Ἰδομενῆος,
Μηριόνης, ἀτάλαντος Ἐνυαλίῳ ἀνδρειφόντῃ.
Τῶν δ' ἄλλων τίς κεν ᾗσι φρεσὶν οὐνόματ' εἴποι   260
ὅσσοι δὴ μετόπισθε μάχην ἤγειραν Ἀχαιῶν;

Τρῶες δὲ προύτυψαν ἀολλέες· ἦρχε δ' ἄρ' Ἕκτωρ.
Ὡς δ' ὅτ' ἐπὶ προχοῇσι Διϊπετέος ποταμοῖο

Il dit; et le belliqueux Ménélas, docile à ses ordres, s'adresse aux Grecs d'une voix retentissante :

« Amis, chefs et rois des Argiens, et tous qui, près des Atrides Agamemnon et Ménélas, buvez aux frais du peuple, et commandez à des nations (car la gloire et les honneurs viennent de Jupiter), il m'est difficile de vous apercevoir tous, tant la guerre étend au loin son lugubre incendie. Mais que chacun s'élance de soi-même, que tout cœur s'indigne de voir Patrocle devenir la proie des chiens d'Ilion. »

Il dit, et le rapide Ajax, fils d'Oïlée, l'entend aussitôt. Le premier il s'avance en courant à travers le champ de bataille. A sa suite marchent Idoménée et son serviteur Mérion, pareil à l'homicide Mars. Mais qui pourrait rappeler les noms de tous les héros Achéens qui ranimèrent le combat?

Les Troyens s'élancent, les rangs serrés ; Hector marche à leur tête. Lorsqu'à l'embouchure d'un fleuve issu de Jupiter, une vague immense

Ἔρατο ὡς ·
Μενέλαος δὲ ἀγαθὸς βοὴν
οὐκ ἀπίθησε ·
γεγωνὼς δὲ Δαναοῖσιν,
ἤϋσε διαπρύσιον ·
« Ὦ φίλοι,
ἡγήτορες ἠδὲ μέδοντες Ἀργείων,
οἵτε παρ᾽ Ἀτρείδῃς,
Ἀγαμέμνονι καὶ Μενελάῳ,
πίνουσι δήμια,
καὶ σημαίνουσιν ἕκαστος λαοῖς ·
(τιμὴ δὲ καὶ κῦδος
ὀπηδεῖ ἐκ Διός) ·
ἐστὶ δὲ ἀργαλέον μοι
διασκοπιάσθαι
ἕκαστον ἡγεμόνων ·
τόσση γὰρ δέδηεν
ἔρις πολέμοιο ·
ἀλλά τις ἴτω αὐτός,
νεμεσιζέσθω δὲ ἐνὶ θυμῷ
Πάτροκλον
γενέσθαι μέλπηθρα
κυσὶ Τρῳῇσιν. »
Ἔρατο ὡς ·
Αἴας δὲ ταχὺς Ὀϊλῆος ·
ἄκουσεν ὀξύ ·
ἦλθε δὲ πρῶτος ἀντίος
θέων ἀνὰ δηϊοτῆτα.
Μετὰ δὲ τὸν Ἰδομενεύς ·
καὶ ὀπάων Ἰδομενῆος, Μηριόνης,
ἀτάλαντος ἀνδρειφόντῃ Ἐνυαλίῳ.
Τίς δέ κεν εἴποι ᾗσι φρεσὶν
οὐνόματα τῶν ἄλλων
ὅσσοι δὴ
Ἀχαιῶν
ἤγειραν μετόπισθε μάχην ;
Τρῶες δὲ ἀολλέες
προὔτυψαν ·
Ἕκτωρ δὲ ἄρα ἦρχεν.
Ὡς δὲ ὅτε ἐπὶ προχοῇσι

Il dit ainsi ;
et Ménélas brave au combat·
ne désobéit pas ;
et parlant-haut aux Grecs,
il cria d'une-voix-pénétrante :
« O *mes* amis,
chefs et princes des Argiens,
et *ceux* qui près des Atrides,
d'Agamemnon et de Ménélas,
boivent aux-frais-du-peuple,
et commandent chacun à des peuples
(car l'honneur et la gloire
viennent de Jupiter) ;
or il est difficile à moi
d'apercevoir
chacun des chefs ;
car si-grande s'est allumée
la lutte du combat ;		[même,
mais que chacun aille (s'avance) lui
et s'indigne dans son cœur
Patrocle
être devenu un jouet (une proie)
pour les chiens troyens. »
Il dit ainsi ;
et Ajax rapide *fils* d'Oïlée,·
entendit aussitôt ;
et il alla le premier à-sa-rencontre
en courant à travers le combat.
Et après lui *marchèrent* Idoménée,
et l'écuyer d'Idoménée, Mérion,
pareil à l'homicide Mars.
Mais qui dirait dans son esprit
les noms des autres
autant-qu'il y en a certes
parmi les Achéens
qui réveillèrent ensuite le combat ?
Or les Troyens serrés
s'avancèrent-en-avant ;
et Hector donc était-à-la-tête.
Or comme lorsque aux embouchures

βέβρυχεν μέγα κῦμα ποτὶ ῥόον, ἀμφὶ δέ τ᾽ ἄκραι
ἠϊόνες βοόωσιν, ἐρευγομένης ἁλὸς ἔξω·   265
τόσσῃ ἄρα Τρῶες ἰαχῇ ἴσαν. Αὐτὰρ Ἀχαιοὶ
ἕστασαν ἀμφὶ Μενοιτιάδῃ, ἕνα θυμὸν ἔχοντες,
φραχθέντες σάκεσιν χαλκήρεσιν. Ἀμφὶ δ᾽ ἄρα σφι
λαμπρῇσιν κορύθεσσι Κρονίων ἠέρα πολλὴν
χεῦ᾽· ἐπεὶ οὐδὲ Μενοιτιάδην ἤχθαιρε πάρος γε,   270
ὄφρα, ζωὸς ἐὼν, θεράπων ἦν Αἰακίδαο.
Μίσησεν δ᾽ ἄρα μιν δηΐων κυσὶ κύρμα γενέσθαι
Τρῳῇσιν· τῷ καί οἱ ἀμυνέμεν ὦρσεν ἑταίρους.

Ὦσαν δὲ πρότεροι Τρῶες ἑλίκωπας Ἀχαιούς·
νεκρὸν δὲ προλιπόντες ὑπέτρεσαν, οὐδέ τιν᾽ αὐτῶν   275
Τρῶες ὑπέρθυμοι ἕλον ἔγχεσιν, ἱέμενοί περ·
ἀλλὰ νέκυν ἐρύοντο. Μίνυνθα δὲ καὶ τοῦ Ἀχαιοὶ
μέλλον ἀπέσσεσθαι· μάλα γάρ σφεας ὦκ᾽ ἐλέλιξεν

lutte en mugissant contre son cours, les rivages élevés retentissent sous le choc des flots que la mer soulève avec fracas : telles retentissent les clameurs des Troyens. Les Achéens, animés d'un même courage, entourent le fils de Ménétius qu'ils protègent de leurs boucliers d'airain. Le fils de Saturne répand un nuage épais autour de leurs casques étincelants ; ce dieu ne haïssait point le fils de Ménétius, tant que, durant sa vie, ce héros fut le compagnon d'Achille ; mais maintenant il le verrait avec horreur devenir la proie des chiens ennemis. C'est pourquoi il excite ses compagnons à lui porter secours.

Les Troyens d'abord repoussent les Achéens au vif regard ; ceux-ci, frappés de terreur, abandonnent le cadavre, et les magnanimes Troyens, malgré leur désir, n'immolent aucun d'eux avec leurs lances ; mais ils se hâtaient d'entraîner le corps de Patrocle. Les Achéens cependant ne devaient point rester longtemps loin des restes de leur ami ; ils reviennent aussitôt sous la conduite d'Ajax, qui, après l'irré-

ποταμοῖο Διιπετέος
κῦμα μέγα βέβρυχε
κατὶ ῥόον,
ἠϊόνες δέ τε ἄκραι
βοόωσιν ἀμφὶ,
ἁλὸς ἐρευγομένης ἔξω·
τόσσῃ ἰαχῇ ἄρα
Τρῶες ἴσαν.
Αὐτὰρ Ἀχαιοὶ ἕστασαν
ἀμφὶ Μενοιτιάδῃ,
ἔχοντες ἕνα θυμὸν,
φραχθέντες σάκεσι χαλκήρεσι.
Κρονίων δὲ ἄρα
χεῦεν ἠέρα πολλὴν
ἀμφὶ κορύθεσσι λαμπρῇσί σφιν·
ἐπεὶ πάρος γε
οὐδὲ ἤχθαιρε Μενοιτιάδην,
ὄφρα, ἐὼν ζωὸς,
ἦν θεράπων
Αἰακίδαο.
Μίσησε δὲ ἄρα
μιν γενέσθαι κύρμα
κυσὶ Τρῳῇσι δηίων·
τῷ καὶ
ὦρσεν ἑταίρους
ἀμυνέμεν οἱ.

Τρῶες δὲ πρότεροι
ὦσαν Ἀχαιοὺς ἑλίκωπας·
ὑπείρεσαν δὲ
προλιπόντες νεκρὸν,
Τρῶες δὲ ὑπέρθυμοι,
ἱέμενοί περ,
ἕλον οὔτινα αὐτῶν
ἔγχεσιν·
ἀλλὰ ἐρύοντο νέκυν.
Ἀχαιοὶ δὲ καὶ
μέλλον ἀπέσσεσθαι τοῦ
μίνυνθα·
Αἴας γὰρ ἐλέλιξε σφεας
μάλα ὦκα,

d'un fleuve venu-de-Jupiter
une vague grande a mugi
contre son cours,
et les rivages élevés
retentissent tout-autour,
la mer s'élançant-avec-fracas dehors:
avec un aussi-grand bruit donc
les Troyens s'avancèrent.
Mais les Achéens se tinrent
autour du fils-de-Ménétius,
ayant un seul (même) courage,
fortifiés de boucliers d'-airain.
Et le fils-de-Saturne donc
répandit un nuage grand (épais)
autour des casques brillants à (d')eux;
puisque auparavant du moins
il ne haïssait pas le fils-de-Ménétius,
tant que, étant vivant,
il était le serviteur
du descendant-d'Éaque.
Et il détesta (vit avec horreur) donc
lui devenir une proie
pour les chiens troyens des ennemis;
c'est-pourquoi aussi
il excita *ses* compagnons
à porter-secours à lui.

Et les Troyens les premiers
poussèrent les Achéens aux-yeux-mo-
et *ceux-ci* s'enfuirent-effrayés [biles;
ayant abandonné le mort,
et les Troyens magnanimes,
quoique *le* désirant,
ne tuèrent aucun d'eux
avec *leurs* lances;
mais ils entraînaient le cadavre.
Les Achéens cependant
devaient rester-loin-de lui
peu-de-temps;
car Ajax fit-retourner eux
très-promptement,

Αἴας, ὃς πέρι μὲν εἶδος, πέρι δ' ἔργα τέτυκτο
τῶν ἄλλων Δαναῶν, μετ' ἀμύμονα Πηλείωνα.   280
Ἴθυσεν δὲ διὰ προμάχων, συῒ εἴκελος ἀλκὴν
καπρίῳ, ὅστ' ἐν ὄρεσσι κύνας θαλερούς τ' αἰζηοὺς
ῥηϊδίως ἐκέδασσεν, ἑλιξάμενος διὰ βήσσας·
ὃς υἱὸς Τελαμῶνος ἀγαυοῦ, φαίδιμος Αἴας,
ῥεῖα μετεισάμενος Τρώων ἐκέδασσε φάλαγγας,   285
οἳ περὶ Πατρόκλῳ βέβασαν, φρόνεον δὲ μάλιστα
ἄστυ ποτὶ σφέτερον ἐρύειν, καὶ κῦδος ἀρέσθαι.

Ἤτοι τὸν Λήθοιο Πελασγοῦ φαίδιμος υἱὸς,
Ἱππόθοος, ποδὸς ἕλκε κατὰ κρατερὴν ὑσμίνην,
δησάμενος τελαμῶνι παρὰ σφυρὸν ἀμφὶ τένοντας,   290
Ἕκτορι καὶ Τρώεσσι χαριζόμενος· τάχα δ' αὐτῷ
ἦλθε κακὸν, τό οἱ οὔτις ἐρύκακεν ἱεμένων περ.
Τὸν δ' υἱὸς Τελαμῶνος, ἐπαΐξας δι' ὁμίλου,
πλῆξ' αὐτοσχεδίην κυνέης διὰ χαλκοπαρήου·
ἤρικε δ' ἱπποδάσεια κόρυς περὶ δουρὸς ἀκωκῇ,   295

prochable fils de Pélée, l'emportait sur les autres Grecs en beauté et
en courage. Ce guerrier s'élance aux premiers rangs, semblable au
vigoureux sanglier qui, sur les montagnes, dissipe aisément une troupe
de chiens et de jeunes chasseurs, en se retournant sur eux à travers
les halliers : tel le fils de l'illustre Télamon, le brillant Ajax, disperse
sans peine par sa présence les phalanges des Troyens qui entouraient
Patrocle et qui espéraient l'emporter dans leur ville et se couvrir de
gloire.

Cependant l'illustre fils du Pélasge Léthus, Hippothoüs, l'entraînait
par les pieds à travers la terrible mêlée, après lui avoir attaché une
courroie près de la cheville, jaloux de plaire à Hector et aux Troyens ;
mais il lui arriva bientôt un malheur dont ses compagnons, malgré
leur désir, ne purent le préserver. Le fils de Télamon, s'élançant à
travers la foule, le frappe de près et atteint le casque d'airain ; la
pointe du fer brise ce casque à l'épaisse crinière, traversé par un

ὃς τέτυκτο	lui qui était
περὶ τῶν ἄλλων Δαναῶν	au-dessus des autres Grecs
εἶδος μὲν,	et pour l'extérieur,
ἔργα δὲ,	et pour les travaux de la guerre,
μετὰ ἀμύμονα Πηλείωνα.	après l'irréprochable fils-de-Pélée.
Ἴθυσε δὲ	Et il se précipita-droit
διὰ προμάχων,	à travers les premiers-combattants,
εἴκελος ἀλκὴν	semblable pour la force
συΐ καπρίῳ,	à un porc sanglier,
ὅστε ἐν ὄρεσσιν	lequel dans les montagnes
ἐκέδασσε ῥηιδίως κύνας	a dispersé facilement des chiens
αἰζηούς τε θαλερούς,	et des jeunes-gens florissants,
ἑλιξάμενος διὰ βήσσας·	s'étant retourné à travers les halliers:
ὣς υἱὸς ἀγαυοῦ Τελαμῶνος,	ainsi le fils de l'illustre Télamon,
φαίδιμος Αἴας,	le brillant Ajax,
μετεισάμενος	les ayant attaquées
ἐκέδασσε ῥεῖα	à dispersé facilement
φάλαγγας Τρώων	les phalanges des Troyens
οἳ βέβασαν περὶ Πατρόκλῳ,	qui marchaient autour de Patrocle,
φρόνεον δὲ μάλιστα	et qui pensaient surtout
ἐρύειν ποτὶ σφέτερον ἄστυ,	l'entraîner vers leur ville,
καὶ ἀρέσθαι κῦδος.	et recueillir de la gloire.
Ἤτοι Ἱππόθοος,	Cependant Hippothoüs,
υἱὸς φαίδιμος Πελασγοῦ Λήθοιο,	fils brillant du Pélasge Léthus,
ἧλκε τὸν ποδὸς	entraînait lui par le pied
κατὰ ὑσμίνην κρατερὴν,	à travers la mêlée terrible,
δησάμενος τελαμῶνι	l'ayant lié avec une courroie
παρὰ σφυρὸν	auprès de la cheville
ἀμφὶ τένοντας,	autour des muscles,
χαριζόμενος	faisant-plaisir
Ἕκτορι καὶ Τρώεσσιν·	à Hector et aux Troyens;
αὐτῷ δὲ ἦλθε τάχα	mais à lui arriva bientôt
κακὸν, τὸ	un malheur, lequel
οὔτις ἱεμένων περ	aucun de ceux même le désirant
ἐρύκακέν οἱ.	n'écarta de lui.
Υἱὸς δὲ Τελαμῶνος,	Car le fils de Télamon,
ἐπαΐξας διὰ ὁμίλου,	s'étant élancé à travers la foule,
πλῆξε τὸν αὐτοσχεδίην	frappa lui de près
διὰ κυνέης χαλκοπαρῄου·	à travers le casque aux-joues-d'airain;
κόρυς δὲ ἱπποδάσεια	or le casque à-l'épaisse-crinière

πλήγεῖσ᾽ ἔγχεῖ τε μεγάλῳ καὶ χειρὶ παχείῃ·
ἐγκέφαλος δὲ παρ᾽ αὐλὸν ᾽ ἀνέδραμεν ἐξ ὠτειλῆς
αἱματόεις· τοῦ δ᾽ αὖθι λύθη μένος· ἐκ δ᾽ ἄρα χειρῶν
Πατρόκλοιο πόδα μεγαλήτορος ἦκε χαμᾶζε
κεῖσθαι· ὁ δ᾽ ἄγχ᾽ αὐτοῖο πέσε πρηνὴς ἐπὶ νεκρῷ,   300
τῆλ᾽ ἀπὸ Λαρίσσης ἐριβώλακος· οὐδὲ τοκεῦσι
θρέπτρα φίλοις ἀπέδωκε, μινυνθάδιος δέ οἱ αἰὼν
ἔπλεθ᾽, ὑπ᾽ Αἴαντος μεγαθύμου δουρὶ δαμέντι.
Ἕκτωρ δ᾽ αὖτ᾽ Αἴαντος ἀκόντισε δουρὶ φαεινῷ·
ἀλλ᾽ ὁ μὲν ἄντα ἰδὼν ἠλεύατο χάλκεον ἔγχος,   305
τυτθόν· ὁ δὲ Σχεδίον, μεγαθύμου Ἰφίτου υἱὸν,
Φωκήων ὄχ᾽ ἄριστον, ὃς ἐν κλειτῷ Πανοπῆι
οἰκία ναιετάασκε, πολέσσ᾽ ἄνδρεσσιν ἀνάσσων,
τὸν βάλ᾽ ὑπὸ κληῖδα μέσην· διὰ δ᾽ ἀμπερὶς ἄκρη
αἰχμὴ χαλκείη παρὰ νείατον ὦμον ἀνέσχε.   310

énorme javelot qu'a lancé un bras vigoureux. La cervelle jaillit tout
ensanglantée de la blessure le long du fer de la lance; la force d'Hippothoüs est à l'instant brisée; ses mains laissent retomber à terre le
pied du magnanime Patrocle, et lui-même tombe en avant sur le cadavre, loin de la fertile Larisse. Il n'a pu payer à ses parents le prix
des soins donnés à son enfance : sa vie fut de courte durée; il suc-
comba sous les coups du magnanime Ajax. Hector aussitôt lance contre
Ajax un brillant javelot; Ajax, qui l'a vu, se détourne et évite le coup;
mais le trait va frapper le fils du valeureux Iphitus, Schédius, de
beaucoup le plus brave des Phocéens, Schédius qui habitait un palais
dans l'illustre Panopée et régnait sur des peuples nombreux; Hector
l'atteint à la clavicule, et la pointe d'airain, le traversant de part en
part, ressort au bas de l'épaule. Le guerrier tombe, et ses armes re-

ἔρικε	se brisa
περὶ ἀκωκῇ δουρὸς,	autour de la pointe de la lance,
πληγεῖσα	ayant été frappé
ἔγχεϊ τε μεγάλῳ	et par une lance grande
καὶ χειρὶ παχείῃ·	et par une main épaisse (robuste);
ἐγκέφαλος δὲ αἱματόεις,	et la cervelle ensanglantée
ἀνέδραμεν ἐξ ὠτειλῆς	jaillit de la blessure
παρὰ αὐλόν·	le long du trou *de la lance;*
αὖθι δὲ μένος τοῦ	et à l'instant la force de lui
λύθη·	fut déliée (brisée);
ἔχε δὲ ἄρα ἐκ χειρῶν	et donc il laissa-aller de *ses* mains
χαμᾶζε κεῖσθαι	à-terre pour y être-gisant
πόδα Πατρόκλοιο μεγαλήτορος·	le pied de Patrocle magnanime;
ὁ δὲ πέσε πρηνὴς	et il tomba en-avant
ἄγχι αὐτοῖο ἐπὶ νεκρῷ,	près de lui sur le mort,
τῆλε ἀπὸ Λαρίσσης ἐριβώλακος·	loin de Larisse aux-mottes-fertiles;
οὐδὲ ἀπέδωκε φίλοις τοκεῦσι	et il ne paya pas à *ses* chers parents
θρέπτρα,	le prix-de-*leurs*-soins-nourriciers,
αἰὼν δὲ ἔπλετο μινυνθάδιος·	et la vie fut de-courte-durée
οἱ δαμέντι	à lui ayant été dompté
ὑπὸ δουρὶ μεγαθύμου Αἴαντος.	sous la lance du magnanime Ajax.
Ἕκτωρ δὲ αὖτε	Et Hector de-son-côté
ἀκόντισε δουρὶ φαεινῷ	darda avec une lance brillante
Αἴαντος·	contre Ajax;
ἀλλὰ ὁ μὲν	mais celui-ci à la vérité
ἰδὼν ἄντα	l'ayant vu en-face
ἠλεύατο ἔγχος χάλκεον,	évita la lance d'—airain,
τυτθόν·	*en se détournant* un peu;
ὁ δὲ βάλε Σχεδίον,	or lui (Hector) frappa Schédius,
υἱὸν μεγαθύμου Ἰφίτου,	fils du magnanime Iphitus,
ὄχα ἄριστον	de beaucoup le plus brave
Φωκήων,	des Phocéens,
ὃς ναιετάασκεν οἰκία	lequel habitait des maisons
ἐν κλειτῷ Πανοπῆϊ,	dans l'illustre Panopée,
ἀνάσσων	commandant
ἀνδρέσσι πολέσσι·	à des hommes nombreux; [lieu;
τὸν ὑπὸ κληῗδα μέσην·	il le *frappa* sous la clavicule au-mi-
ἄκρη δὲ αἰχμὴ χαλκείη	et l'extrémité-de la pointe d'airain
διαμπερὲς ἀνέσχε	*traversant* de-part-en-part ressortit
παρὰ ὦμον νείατον.	près de l'épaule au-bas.

Δούπησεν δὲ πεσών, ἀράβησε δὲ τεύχε' ἐπ' αὐτῷ.
Αἴας δ' αὖ Φόρκυνα δαίφρονα, Φαίνοπος υἱὸν,
Ἱπποθόῳ περιβάντα, μέσην κατὰ γαστέρα τύψε·
ῥῆξε δὲ θώρηκος γύαλον [1], διὰ δ' ἔντερα χαλκὸς
ἤφυσ'· ὁ δ' ἐν κονίῃσι πεσὼν ἕλε γαῖαν ἀγοστῷ.   315
Χώρησαν δ' ὑπό τε πρόμαχοι καὶ φαίδιμος Ἕκτωρ·
Ἀργεῖοι δὲ μέγα ἴαχον, ἐρύσαντο δὲ νεκροὺς,
Φόρκυν θ' Ἱππόθοόν τε· λύοντο δὲ τεύχε' ἀπ' ὤμων.

'Ἔνθα κεν αὖτε Τρῶες Ἀρηϊφίλων ὑπ' Ἀχαιῶν·
'Ἴλιον εἰσανέβησαν, ἀναλκείῃσι δαμέντες·   320
Ἀργεῖοι δέ κε κῦδος ἕλον, καὶ ὑπὲρ Διὸς αἶσαν,
κάρτεϊ καὶ σθένεϊ σφετέρῳ. Ἀλλ' αὐτὸς Ἀπόλλων
Αἰνείαν ὤτρυνε [2], δέμας Περίφαντι ἐοικὼς,
κήρυκι [3] Ἠπυτίδῃ, ὅς οἱ παρὰ πατρὶ γέροντι·
κηρύσσων γήρασκε, φίλα φρεσὶ μήδεα εἰδώς·   325
τῷ μιν ἐεισάμενος προσέφη Διὸς υἱὸς Ἀπόλλων·
« Αἰνεία, πῶς ἂν καὶ ὑπὲρ θεὸν εἰρύσσαισθε

tentissent autour de lui. Ajax de son côté frappe au milieu du ventre
le fils de Phénops, le belliqueux Phorcys, qui défendait Hippothoüs;
l'airain brise la cuirasse et déchire les entrailles de Phorcys, qui tombe
dans la poussière et saisit la terre de ses mains. Les premiers rangs
des Troyens reculent, ainsi que le brillant Hector; et les Grecs, poussant des cris terribles, entraînent les corps de Phorcys et d'Hippothoüs, et les dépouillent de leurs armes.

Alors les Troyens, pressés par les belliqueux Achéens, se seraient
enfuis jusque dans Ilion, vaincus par leur propre lâcheté, et les
Grecs, même contre la volonté de Jupiter, se seraient couverts de
gloire, grâce à leur force et à leur valeur; mais Apollon vint lui-même
exciter l'ardeur d'Énée, sous les traits du fils d'Epytus, du héraut
Périphas, qui avait vieilli dans cet emploi auprès de son vieux père,
et qui était renommé par la sagesse de ses conseils. C'est sous la forme
de ce mortel qu'Apollon lui parle en ces termes:

« Énée, comment, même malgré la volonté divine, pourriez-vous

Δούπησε δὲ πεσών,
τεύχεα δὲ ἀράβησεν ἐπ' αὐτῷ.
Αἴας δ' αὖ τύψε
κατὰ μέσην γαστέρα
ἐπάσσονα Φόρκυνα,
υἱὸν Φαίνοπος,
περιβάντα Ἱπποθόῳ·
ῥῆξε δὲ γύαλον θώρηκος,
χαλκὸς δὲ διήφυσεν ἔντερα·
ὁ δὲ δὲ γαῖαν ἀγοστῷ,
πεσὼν ἐν κονίῃσι.
Πρόμαχοι δέ τε
καὶ φαίδιμος Ἕκτωρ
ὑποχώρησαν·
Ἀργεῖοι δὲ ἴαχον μέγα,
ἐρύσαντο δὲ νεκρούς,
Φόρκυν τε Ἱππόθοόν τε·
λύοντο δὲ τεύχεα
ἀπὸ ὤμων.

Ἔνθα αὖτε Τρῶες,
δαμέντες ἀναλκείῃσιν,
εἰσανέβησάν κεν Ἴλιον
ὑπὸ Ἀχαιῶν Ἀρηιφίλων·
Ἀργεῖοι δὲ
ἕλον κε κῦδος,
καὶ ὑπὲρ αἶσαν
Διός,
σφετέρῳ κάρτεϊ καὶ σθένεϊ.
Ἀλλὰ Ἀπόλλων αὐτὸς
ὤτρυνεν Αἰνείαν,
ἐικὼς δέμας
Περίφαντι, κήρυκι Ἠπυτίδῃ,
ὃς γήρασκε
κηρύσσων
παρὰ γέροντι πατρί οἱ,
εἰδὼς φρεσὶ
μήδεα φίλα·
ἐεισάμενος τῷ
Ἀπόλλων υἱὸς Διὸς προσέφη μιν·
« Αἰνεία, πῶς;

Or il retentit étant tombé,
et *ses* armes résonnèrent sur lui.
Et Ajax de-son-côté frappa
au milieu-du-ventre
le belliqueux Phorcys,
fils de Phénops,
marchant-autour d'Hippothoüs;
et il brisa la cavité de la cuirasse,
et l'airain déchira les entrailles ;
et celui-ci prit la terre de *sa* main,
étant tombé dans la poussière.
Or et les premiers-combattants
et le brillant Hector
se retirèrent-en-arrière ;
et les Argiens criaient grandement,
et entraînèrent les morts,
et Phorcys et Hippothoüs;
et ils détachaient les armes
de *leurs* épaules.

Mais alors les Troyens,
ayant été domptés par *leur* lâcheté,
seraient montés-jusqu'à Ilion
pressés par les Achéens chers-à-Mars;
et les Argiens
auraient remporté de la gloire,
même au delà de (contre) la volonté
de Jupiter,
par leur courage et *leur* force.
Mais Apollon lui-même
excita Énée,
Apollon ressemblant de corps
à Périphas, héraut fils-d'Épytus,
lequel vieillissait
faisant-les-fonctions-de-héraut
auprès du vieux père à (de) lui,
sachant (ayant) dans *son* esprit
des conseils (des sentiments) bien-
s'étant assimilé à celui-ci [veillants;
Apollon fils de Jupiter dit-à lui :
« Énée, comment

Ἴλιον αἰπεινήν; Ὡς δὴ ἴδον ἀνέρας ἄλλους
κάρτεΐ τε σθένεΐ τε πεποιθότας, ἠνορέῃ τε,
πλήθεΐ τε σφετέρῳ, καὶ ὑπερδέα δῆμον ἔχοντας.   334
Ἡμῖν δὲ Ζεὺς μὲν πολὺ βούλεται ἢ Δαναοῖσι
νίκην· ἀλλ' αὐτοὶ τρεῖτ' ἄσπετον, οὐδὲ μάχεσθε. »

Ὡς ἔφατ'· Αἰνείας δ' ἑκατηβόλον Ἀπόλλωνα
ἔγνω, ἐσάντα ἰδών· μέγα δ' Ἕκτορα εἶπε βοήσας·

« Ἕκτορ τ' ἠδ' ἄλλοι Τρώων ἀγοὶ ἠδ' ἐπικούρων,   335
αἰδὼς μὲν νῦν ἧζε γ', Ἀρηϊφίλων ὑπ' Ἀχαιῶν
Ἴλιον εἰσαναβῆναι, ἀναλκείῃσι δαμέντας.
Ἀλλ' ἔτι γάρ τίς φησι θεῶν, ἐμοὶ ἄγχι παραστάς,
Ζῆν', ὕπατον μήστωρα, μάχης ἐπιτάρροθον εἶναι.
Τῷ ῥ' ἰθὺς Δαναῶν ἴομεν, μηδ' οἵγε ἕκηλοι   340
Πάτροκλον νηυσὶν πελασαίατο τεθνηῶτα. »

Ὡς φάτο· καί ῥα πολὺ προμάχων ἐξάλμενος ἔστη.

sauver la superbe Ilion? C'est en imitant ces héros que j'ai vus jadis,
pleins de confiance dans leur courage, dans leur force, dans leur valeur, dans l'intrépidité de leurs troupes bien inférieures en nombre.
C'est à nous bien plus qu'aux Grecs que Jupiter veut donner la
victoire; et cependant vous fuyez tous épouvantés, et vous n'osez
combattre. »

Il dit; Énée le regarde, et reconnaît Apollon qui lance au loin
les traits. Aussitôt il s'adresse à Hector d'une voix retentissante :

« Hector, et vous tous, chefs des Troyens et des alliés, quelle honte,
si, pressés par les belliqueux Achéens, nous regagnons les hauteurs
d'Ilion, vaincus par notre propre lâcheté! Cependant un des immortels, s'offrant à ma vue, vient de me dire que Jupiter, cet arbitre su-
prême des combats, se déclarait pour nous. Marchons donc contre
les Grecs, et ne leur laissons pas sans obstacle emporter vers leurs
vaisseaux les restes de Patrocle. »

Il dit; puis il s'élance en avant des premiers rangs et s'arrête. Les

καὶ ὑπὲρ θεὸν | même malgré un dieu
εἰρύσσαισθε ἂν Ἴλιον αἰπεινήν; | pourriez-vous-sauver Ilion élevée ?
Ὡς δὴ | En combattant comme déjà
ἴδον ἄλλους ἀνέρας | j'ai vu combattre d'autres hommes
πεποιθότας κάρτεί τε | se confiant et dans leur courage
σθένεί τε, ἠνορέῃ τε, | et dans leur force, et dans leur valeur,
σφετέρῳ τε πλήθεϊ, | et dans leurs troupes,
ἔχοντας δῆμον | ayant un peuple
καὶ ὑπερδέα. | même peu-considérable.
Ζεὺς δὲ μὲν | Et Jupiter à la vérité
βούλεται νίκην ἡμῖν | veut la victoire pour nous
πολὺ ἢ Δαναοῖσιν· | beaucoup plus que pour les Grecs;
ἀλλὰ αὐτοὶ | mais vous-mêmes
τρεῖτε ἄσπετον, | vous fuyez-tremblants tout-à-fait,
οὐδὲ μάγεσθε. » | et vous ne combattez pas. »
Ἔφατο ὥς· | Il dit ainsi;
Αἰνείας δὲ ἔγνω Ἀπόλλωνα | et Énée reconnut Apollon
ἑκατηβόλον, | qui-lance-au-loin-les-traits,
ἰδὼν ἐσάντα· | l'ayant vu en-face;
βοήσας δὲ μέγα | et ayant crié grandement
εἶπεν Ἕκτορα· | il dit à Hector :
« Ἕκτορ τε ἠδὲ ἄλλοι | « Et toi, Hector, et vous autres,
ἀγοὶ Τρώων ἠδὲ ἐπικούρων, | chefs des Troyens et des alliés,
ἧε γε αἰδὼς νῦν μὲν, | c'est une honte maintenant à la vérité,
εἰσαναβῆναι Ἴλιον | nous monter-jusqu'à Ilion   [Mars,
ὑπὸ Ἀχαιῶν Ἀρηιφίλων, | poussés par les Achéens chers-à-
ἐρμέντας ἀναλκείῃσιν. | ayant été domptés par notre lâcheté.
Ἀλλὰ γάρ τις θεῶν, | Cependant quelqu'un des dieux,
παρστὰς ἐμοὶ ἄγχι, | s'étant présenté à moi tout-près,
φησὶν ἔτι Ζῆνα, | dit encore Jupiter,
ὕπατον μήστωρα, | suprême conseiller,
εἶναι ἐπιτάρροθον μάχης. | être auxiliaire du (dans le) combat.
Τῷ ῥα | C'est-pourquoi donc
ἴομεν ἰθὺς Δαναῶν, | allons droit contre les Grecs,
μηδὲ οἵγε κελασαίατο | et que ceux-ci n'approchent point
νηυσὶν | de leurs vaisseaux
ἕκηλοι | tranquilles (à loisir)
Πάτροκλον τεθνηῶτα. » | Patrocle mort. »
Φάτο ὥς· καὶ ῥα ἔστη | Il dit ainsi; et il s'arrêta
ἐξάλμενος πολὺ | s'étant élancé beaucoup

Οἱ δ' ἐλελίχθησαν, καὶ ἐναντίοι ἔσταν Ἀχαιῶν.
Ἔνθ' αὖτ' Αἰνείας Λειώκριτον οὔτασε δουρὶ,
υἱὸν Ἀρίσβαντος, Λυκομήδεος ἐσθλὸν ἑταῖρον.   310
Τὸν δὲ πεσόντ' ἐλέησεν Ἀρηΐφιλος Λυκομήδης·
στῆ δὲ μάλ' ἐγγὺς ἰὼν, καὶ ἀκόντισε δουρὶ φαεινῷ,
καὶ βάλεν Ἱππασίδην Ἀπισάονα, ποιμένα λαῶν,
ἧπαρ ὑπὸ πραπίδων, εἶθαρ δ' ὑπὸ γούνατ' ἔλυσεν·
ὅς ῥ' ἐκ Παιονίης ἐριβώλακος εἰληλούθει,   350
καὶ δὲ μετ' Ἀστεροπαῖον ἀριστεύεσκε μάχεσθαι.
Τὸν δὲ πεσόντ' ἐλέησεν Ἀρήϊος Ἀστεροπαῖος,
ἴθυσεν δὲ καὶ ὁ πρόφρων Δαναοῖσι μάχεσθαι·
ἀλλ' οὔπως ἔτι εἶχε· σάκεσσι γὰρ ἔρχατο πάντη
ἑσταότες περὶ Πατρόκλῳ, πρὸ δὲ δούρατ' ἔχοντο.   355
Αἴας γὰρ μάλα πάντας ἐπῴχετο, πολλὰ κελεύων·
οὔτε τιν' ἐξοπίσω νεκροῦ χάζεσθαι ἀνώγει,
οὔτε τινὰ προμάχεσθαι Ἀχαιῶν ἔξοχον ἄλλων,
ἀλλὰ μάλ' ἀμφ' αὐτῷ βεβάμεν, σχεδόθεν δὲ μάχεσθαι.
Ὣς Αἴας ἐπέτελλε πελώριος. Αἵματι δὲ χθὼν   360
δεύετο πορφυρέῳ· τοὶ δ' ἀγχιστῖνοι ἔπιπτον

Troyens se retournent et font face à l'ennemi. Énée terrasse alors d'un coup de lance le fils d'Arisbas, Léocrite, vaillant compagnon de Lycomède. Lycomède voit tomber son ami, et il est ému de pitié; il accourt auprès de lui, et lance sa brillante javeline qui perce le foie du fils d'Hippase, d'Apisaon, pasteur des peuples, et lui arrache aussitôt la vie. Apisaon, venu des fertiles contrées de la Péonie, était, après Astéropée, le plus vaillant dans les combats. Le valeureux Astéropée le voit périr, et il est ému de pitié. Il s'élance, plein d'ardeur, pour combattre les Grecs; mais il ne peut les attaquer; car, se serrant autour de Patrocle, ils se font un rempart de leurs boucliers, et tiennent leurs lances en avant. Ajax parcourt les rangs, et donne des ordres aux guerriers : que personne n'abandonne le cadavre pour s'avancer loin des autres Grecs, mais que tous restent autour de Patrocle et combattent de près : tels sont les ordres que prescrit le redoutable Ajax. La terre était inondée d'un sang noir; et en même temps tom-

προμάχων. — hors des premiers-combattants.
Οἱ δὲ ἐλελίχθησαν, — Or ceux-ci se retournèrent,
καὶ ἔσταν ἐναντίοι Ἀχαιῶν. — et se tinrent 'opposés aux Achéens.
Ἔνθ᾽ αὖτ᾽ Αἰνείας οὔτασε δουρὶ — Mais alors Énée blessa de sa lance
Λειώκριτον, υἱὸν Ἀρίσβαντος — Léocrite, fils d'Arisbas,
ἐσθλὸν ἑταῖρον Λυκομήδεος· — brave compagnon de Lycomède.
Λυκομήδης δὲ Ἀρηΐφιλος — Or Lycomède cher-à-Mars
ἐλέησε τὸν πεσόντα· — prit-en-pitié lui étant tombé ;
στῆ δὲ ἰὼν μάλα ἐγγύς, — et il se tint étant venu tout près,
καὶ ἀκόντισε δουρὶ φαεινῷ, — et il darda avec sa lance brillante,
καὶ βάλεν Ἀπισάονα — et il frappa Apisaon
Ἱππασίδην, — fils-d'Hippase,
ποιμένα λαῶν, — pasteur des peuples,
ἧπαρ ὑπὸ πραπίδων, — au foie sous le diaphragme,
εἶθαρ δὲ ὑπέλυσε γούνατα· — et aussitôt il lui délia les genoux ;
ὅς ῥα εἰληλούθει — lequel Apisaon certes était venu
ἐκ Παιονίης ἐριβώλακος, — de la Péonie aux-mottes-fertiles,
καὶ δὲ μετὰ Ἀστεροπαῖον — et après Astéropée
ἀριστεύεσκε μάχεσθαι. — était-le-premier pour combattre.
Ἄρηος δὲ Ἀστεροπαῖος — Or le belliqueux Astéropée
ἐλέησε τὸν πεσόντα, — prit-en-pitié lui étant tombé,
ὁ δὲ καὶ πρόφρων — et lui aussi plein-d'ardeur
ἵετο μάχεσθαι Δαναοῖσιν· — alla-droit pour combattre les Grecs ;
ἀλλ᾽ οὔπως εἶχεν ἔτι· — mais il ne le pouvait encore nulle-
πάντη γὰρ — car de-tous-côtés   [ment ;
ἔρχατο σάκεσσιν — ils étaient entourés de boucliers
ἑσταότες περὶ Πατρόκλῳ, — se tenant autour de Patrocle,
ἔχοντο δὲ πρὸ δούρατα. — et ils tenaient en avant leurs lances.
Αἴας γὰρ ἐπῴχετο πάντας μάλα, — Car Ajax allait-à tous tout-à-fait,
κελεύων πολλά· — ordonnant beaucoup ;
ἀνώγει τε — et il prescrivait
οὔτινα χάζεσθαι νεκροῦ — aucun ne se retirer du cadavre
ἐξοπίσω, — en arrière,
οὔτινά τε προμάχεσθαι — et aucun ne combattre
ἔξοχον ἄλλων Ἀχαιῶν, — en-avant des autres Achéens,   [lui,
ἀλλὰ μάλα βεβάμεν ἀμφ᾽ αὐτῷ, — mais surtout de marcher autour de
μάχεσθαι δὲ σχεδόθεν. — et de combattre de près.
Ὣς ἐπέτελλε πελώριος Αἴας. — Ainsi ordonnait le prodigieux Ajax.
Χθὼν δὲ δεύετο — Et la terre était arrosée
αἵματι πορφυρέῳ· — d'un sang pourpre ;

νεκροὶ ὁμοῦ Τρώων καὶ ὑπερμενέων ἐπικούρων,
καὶ Δαναῶν· οὐδ' οἱ γὰρ ἀναιμωτί γ' ἐμάχοντο·
παυρότεροι δὲ πολὺ φθίνυθον· μέμνηντο γὰρ αἰεὶ
ἀλλήλοις καθ' ὅμιλον ἀλεξέμεναι φόνον αἰπύν.   365

  Ὣς οἱ μὲν μάρναντο δέμας πυρός· οὐδέ κε φαίης
οὔτε ποτ' ἠέλιον σόον ἔμμεναι, οὔτε σελήνην·
ἠέρι γὰρ κατέχοντο μάχης ἔπι ὅσσοι ἄριστοι
ἕστασαν ἀμφὶ Μενοιτιάδῃ κατατεθνηῶτι.
Οἱ δ' ἄλλοι Τρῶες καὶ ἐϋκνήμιδες Ἀχαιοὶ   371
εὔκηλοι πολέμιζον ὑπ' αἰθέρι ¹· πέπτατο δ' αὐγὴ
ἠελίου ὀξεῖα, νέφος δ' οὐ φαίνετο πάσης
γαίης, οὐδ' ὀρέων· μεταπαυόμενοι δ' ἐμάχοντο,
ἀλλήλων ἀλεείνοντες βέλεα στονόεντα,
πολλὸν ἀφεσταότες. Τοὶ δ' ἐν μέσῳ ἄλγε' ἔπασχον   375
ἠέρι καὶ πολέμῳ· τείροντο δὲ νηλέϊ χαλκῷ

balent amoncelés les cadavres des Troyens, des généreux alliés et des Grecs. Les Grecs ne combattaient point sans que leur sang coulât; mais ils succombaient en moins grand nombre, car ils songeaient toujours dans la mêlée à se préserver mutuellement d'un horrible trépas.

Ainsi ces guerriers combattaient, ardents comme le feu; on eût dit que le soleil et la lune s'étaient éclipsés; tant était épais le nuage de poussière, qui, dans le combat, enveloppait tous les héros rassemblés autour du fils de Ménétius. Ailleurs les Troyens et les Achéens aux belles cnémides combattaient sans obstacle sous un ciel serein; au-dessus d'eux le soleil brillait d'un vif éclat, et l'on ne voyait apparaître aucun nuage ni sur la terre, ni sur les montagnes. Ils luttaient donc et se reposaient par intervalles, évitant de part et d'autre les traits meurtriers, et séparés par une large distance; ceux qui combattaient au centre souffraient de vives douleurs causées par les ténèbres et par les horreurs de la guerre; et les braves étaient déchirés par le cruel airain.

τοὶ δὲ νεκροὶ ἔπιπτον ἀγχιστῖνοι — et les morts tombaient serrés
ὁμῶ Τρώων — en-même-temps des Troyens
καὶ ἐπικούρων ὑπερμενέων, — et des alliés tout-puissants,
καὶ Ἀχαιῶν· — et des Grecs ;
οἱ δὲ γὰρ οὐκ ἐμάχοντο — car ceux-ci ne combattaient pas
ἀναιμωτί γε· — sans-répandre-de-sang du moins ;
φθίνυθον δὲ — ils périssaient cependant
πολὺ παυρότεροι· — beaucoup moins-nombreux ;
μέμνηντο γὰρ αἰεὶ — car ils songeaient toujours
ἀλεξέμεναι ἀλλήλοις — à écarter les-uns-des-autres
κατὰ ὅμιλον — dans la foule (mêlée)
φόνον αἰπύν. — la mort terrible.

   Οἱ μὲν —   Ceux-ci à la vérité
μάρναντο ὥς· — combattaient ainsi
δέμας πυρός·˙ — comme le feu ;
οὐδέ κε φαίης — et tu n'aurais dit
οὔτε ἠέλιον, οὔτε σελήνην — ni le soleil, ni la lune
ἔμμεναί ποτε σόον· — être encore intacts :
ἄριστοι γὰρ — car les plus braves
ὅσσοι ἕστασαν — tous-ceux-qui se tenaient
ἀμφὶ Μενοιτιάδῃ κατατεθνηῶτι, — autour du fils-de-Ménétius mort,
κατέχοντο ἠέρι — étaient arrêtés par le brouillard
ἐπὶ μάχης. — dans le combat.
Οἱ δὲ ἄλλοι Τρῶες — Et les autres Troyens
καὶ Ἀχαιοὶ ἐϋκνήμιδες — et Achéens aux-belles-cnémides
πολέμιζον εὔκηλοι — combattaient tranquilles
ὑπὸ αἰθέρι· — sous un ciel-serein ;
αὐγὴ δὲ ὀξεῖα ἠελίου — et l'éclat vif du soleil
πέπτατο, — s'était répandu,
νέφος δὲ οὐ φαίνετο — et un nuage n'apparaissait point
πάσης γαίης, — sur toute la terre,
οὐδὲ ὀρέων· — ni sur les montagnes ;
ἐμάχοντο δὲ — et ils combattaient
μεταπαυόμενοι, — se reposant-par-intervalle,
ἀλεείνοντες βέλεα ἀλλήλων — évitant *les traits* les-uns-des-autres
στονόεντα, — qui-font-gémir,
ἀφεσταότες πολλόν. — se tenant-éloignés beaucoup.
Τοὶ δὲ ἐν μέσῳ — Mais ceux *qui étaient* dans le milieu
ἔπασχον ἄλγεα — souffraient des douleurs
ἠέρι καὶ πολέμῳ· — par les ténèbres et par la guerre ;

ὅσσοι ἄριστοι ἔσαν. Δύο δ' οὔπω φῶτε πεπύσθην,
ἀνέρε κυδαλίμω, Θρασυμήδης Ἀντίλοχό; τε,
Πατρόκλοιο θανόντος ἀμύμονος, ἀλλ' ἔτ' ἔφαντο
ζωὸν ἐνὶ πρώτῳ ὁμάδῳ Τρώεσσι μάχεσθαι.   330
Τὼ δ' ἐπιοσσομένω θάνατον καὶ φύξαν ἑταίρων,
νόσφιν ἐμαρνάσθην, ἐπεὶ ὣς ἐπετέλλετο Νέστωρ,
ὀτρύνων πόλεμόνδε μελαινάων ἀπὸ νηῶν.

   Τοῖς δὲ πανημερίοις ἔριδος¹ μέγα νεῖκος ὀρώρει
ἀργαλέης· καμάτῳ δὲ καὶ ἱδρῷ νωλεμὲς αἰεὶ   335
γούνατά τε κνῆμαί τε, πόδες θ' ὑπένερθεν ἑκάστου,
χεῖρές τ' ὀφθαλμοί τε παλάσσετο μαρναμένοιῖν,
ἀμφ' ἀγαθὸν θεράποντα ποδώκεος Αἰακίδαο.
Ὡς δ' ὅτ' ἀνὴρ ταύροιο βοὸς μεγάλοιο βοείην
λαοῖσιν δώῃ τανύειν, μεθύουσαν ἀλοιφῇ·   390
δεξάμενοι δ' ἄρα τοίγε διαστάντες τανύουσι
κυκλόσ', ἄφαρ δέ τε ἰκμὰς ἔβη, δύνει δέ τ' ἀλοιφή,
πολλῶν ἑλκόντων, τάνυται δέ τε πᾶσα διαπρό·

Deux guerriers illustres, Thrasymède et Antiloque, ignoraient la mort
de l'irréprochable Patrocle ; ils pensaient que, vivant encore, ce héros
était aux premiers rangs et poursuivait les Troyens. Tous deux,
voyant leurs compagnons fuir ou succomber, luttaient à l'écart, do-
ciles aux ordres de Nestor, qui les avait envoyés au combat loin des
sombres navires.

   Cette grande et terrible lutte se prolongea tout le jour ; la sueur et
la fatigue accablaient les guerriers dont les genoux, les jambes, les
pieds, les mains et les yeux étaient souillés par la poussière dans le
combat qui se livrait autour du valeureux compagnon d'Achille aux
pieds légers. Lorsqu'un homme ordonne à ses serviteurs d'étendre la
peau d'un énorme bœuf, imprégnée de graisse, ceux-ci la prennent,
et, se tenant tous en cercle, ils la tirent avec force en sens contraire ;
l'humidité s'en échappe aussitôt, et la graisse pénètre dans le cuir
qui, sous leurs nombreux efforts, s'étend de toutes parts : ainsi, dans

ὅσσοι δὲ ἔσαν ἄριστοι
τείροντο χαλκῷ νηλεῖ.
Δύο δὲ φῶτε, ἀνέρε κυδαλίμω,
Θρασυμήδης Ἀντίλοχός τε,
οὔπω πεπύσθην
ἀμύμονος Πατρόκλοιο θανόντος,
ἀλλ᾽ ἔφαντο ζωὸν
μάχεσθαι ἔτι Τρώεσσιν
ἐνὶ πρώτῳ ὁμάδῳ.
Τὼ δὲ ἐπιοσσομένω θάνατον
καὶ φύξαν ἑταίρων,
ἐμαρνάσθην νόσφιν,
ἐπεὶ Νέστωρ ἐπετέλλετο ὧς,
ὀτρύνων πόλεμόνδε
ἀπὸ νηῶν μελαινάων.

Νεῖκος δὲ μέγα
ἔριδος ἀργαλέης
ὀρώρει τοῖς
παννημερίοις·
αἰεὶ δὲ νωλεμὲς
γούνατά τε κνῆμαί τε,
πόδες τε ἑκάστου ὑπένερθε,
χεῖρές τε ὀφθαλμοί τε
μαρναμένοιιν
ἀμφὶ ἀγαθὸν θεράποντα
Αἰακίδαο
ποδώκεος,
παλάσσετο καμάτῳ καὶ ἱδρῷ.
Ὡς δὲ ὅτε ἀνὴρ
δώῃ τανύειν λαοῖσι
βοείην
μεγάλοιο βοὸς ταύροιο,
μεθύουσαν ἀλοιφῇ·
τοῖγε δὲ ἄρα δεξάμενοι
τανύουσι
διαστάντες κυκλόσε,
ἄφαρ δέ τε ἰκμὰς ἔβη,
ἀλοιφὴ δέ τε δύνει,
πολλῶν ἑλκόντων,
τάνυται δέ τε πᾶσα

et tous ceux qui étaient les plus braves
étaient épuisés par l'airain cruel.
Or deux hommes, guerriers illustres,
Thrasymède et Antiloque,
n'avaient pas encore été informés
de l'irréprochable Patrocle mort,
mais ils pensaient *lui* vivant
combattre encore les Troyens(rangs).
dans le premier tumulte(aux premiers
Et eux-deux songeant à la mort
et à la fuite de *leurs* compagnons,
combattaient à l'écart,
puisque Nestor l'avait ordonné ainsi,
les poussant au-combat
loin des vaisseaux noirs.

Or la lutte grande
d'une dispute funeste
s'était élevée pour eux
pendant-tout-le-jour ;
et toujours sans-cesse
et les genoux et les jambes,
et les pieds de chacun en-dessous,
et les mains et les yeux
d'*eux* combattant
autour du brave serviteur
du descendant-d'Éaque
aux-pieds-rapides,
étaient souillés de fatigue et de sueur.
Or comme lorsque un homme
a donné à étendre à *ses* serviteurs
la *peau* de-bœuf
d'un grand bœuf taureau,
imprégnée de graisse ;
or donc ceux-ci *l'*ayant reçue
*l'*étendent
s'étant éloignés en-cercle,
et aussitôt l'humidité *en* est sortie,
et la graisse pénètre,
beaucoup tirant *le cuir*,
et *la peau* est tendue tout-entière

ὣς οἵγ' ἔνθα καὶ ἔνθα νέκυν ὀλίγῃ ἐνὶ χώρῃ
ἕλκεον ἀμφότεροι· μάλα γάρ σφισιν ἔλπετο θυμὸς,   395
Τρωσὶν μὲν, ἐρύειν προτὶ Ἴλιον, αὐτὰρ Ἀχαιοῖς,
νῆας ἔπι γλαφυράς· περὶ δ' αὐτοῦ μῶλος ὀρώρει
ἄγριος· οὐδέ κ' Ἄρης λαοσσόος, οὐδέ κ' Ἀθήνη
τόνγε ἰδοῦσ' ὀνόσαιτ', οὐδ' εἰ μάλα μιν χόλος ἵκοι.

Τοῖον Ζεὺς ἐπὶ Πατρόκλῳ ἀνδρῶν τε καὶ ἵππων   400
ἤματι τῷ ἐτάνυσσε κακὸν πόνον. Οὐδ' ἄρα πώ τι
ᾔδεε Πάτροκλον τεθνηότα δῖος Ἀχιλλεύς.
Πολλὸν γὰρ ἀπάνευθε νεῶν μάρναντο θοάων,
τείχει ὕπο Τρώων· τό μιν οὔποτε ἔλπετο θυμῷ
τεθνάμεν, ἀλλὰ ζωὸν, ἐνιχριμφθέντα πύλῃσιν,   405
ἂψ ἀπονοστήσειν· ἐπεὶ οὐδὲ τὸ ἔλπετο πάμπαν,
ἐκπέρσειν πτολίεθρον ἄνευ ἕθεν, οὐδὲ σὺν αὐτῷ.
Πολλάκι γὰρ τόγε μητρὸς ἐπεύθετο, νόσφιν ἀκούων,
ἥ οἱ ἀπαγγέλλεσκε Διὸς μεγάλοιο νόημα·

un espace étroit, les Troyens et les Grecs tirent, chacun de leur côté,
le cadavre de Patrocle. Les Troyens espèrent l'entraîner jusque dans
Ilion, et les Achéens, l'emporter vers leurs creux navires; autour de
lui s'élève un affreux tumulte : ni Mars, qui excite les peuples, ni
Minerve elle-même en fureur, n'aurait pu se plaindre de leur mollesse.

Telles sont les rudes fatigues dont Jupiter accable en ce jour les
guerriers et les chevaux autour des restes de Patrocle. Le divin Achille
ne savait pas encore que Patrocle avait succombé; car on combattait
loin des rapides vaisseaux, sous les murs des Troyens. Il ne pensait
pas dans son cœur que son ami fût mort, mais il croyait que vivant
encore, après s'être approché des portes, il reviendrait vers les navires; car il n'espérait point que Patrocle pût sans lui, ni même avec
lui, renverser Ilion. Il tenait ce secret de Thétis sa mère, qui, l'entre-

διαπρό·
ὡς οἵγε
ἐνὶ χώρῃ ὀλίγῃ
ἕλκεον ἀμφότεροι
νέκυν ἔνθα καὶ ἔνθα·
θυμὸς γάρ σφισιν ἔλπετο μάλα,
Τρωσὶ μὲν,
ἐρύειν προτὶ Ἴλιον,
αὐτὰρ Ἀχαιοῖς,
ἐπὶ νῆας γλαφυράς·
μῶλος δὲ ἄγριος ὀρώρει
περὶ αὐτοῦ·
οὐδὲ Ἄρης λαοσσόος,
οὐδὲ Ἀθήνη ἰδοῦσα τόνγε
ὀνόσαιτό κεν,
οὐδὲ εἰ χόλος
ἵκοι μιν μάλα.

  Ζεὺς τῷ ἤματι
ἐτάνυσσεν ἐπὶ Πατρόκλῳ
τοῖον πόνον κακὸν
ἀνδρῶν τε καὶ ἵππων.
Δῖος δὲ ἄρα Ἀχιλλεὺς
οὔπω τι ᾔδεε
Πάτροκλον τεθνηότα.
Μάρναντο γὰρ πολλὸν ἀπάνευθε
νεῶν θοάων,
ὑπὸ τείχει Τρώων·
τὸ οὔποτε ἔλπετο
θυμῷ
μιν τεθνάμεν,
ἀλλὰ ζωὸν,
ἐγχριμφθέντα πύλῃσιν,
ἀπονοστήσειν ἄψ·
ἐπεὶ οὐδὲ ἔλπετο πάμπαν τὸ,
ἐκπέρσειν πτολίεθρον
ἄνευ ἕθεν, οὐδὲ σὺν αὐτῷ.
Πολλάκι γὰρ
ἀκούων νόσφιν,
ἐπεύθετο τότε μητρὸς,
ἥ ἀπαγγέλλεσκέν οἱ

de-tous-côtés :
ainsi ceux-ci (les Troyens et les Grecs)
dans un espace petit
tiraient les-uns-et-les-autres
le cadavre ici et là ;
car le cœur à eux espérait fortement,
aux Troyens à la vérité,
le traîner vers Ilion,
et aux Achéens,
le traîner vers les vaisseaux creux ;
et un tumulte violent s'était élevé
au sujet de lui ;
ni Mars qui-excite-le-peuple,
ni Minerve ayant aperçu lui
ne l'aurait blâmé,
pas-même si la colère
avait pénétré elle fortement.

  Jupiter en ce jour
déploya au-sujet-de Patrocle
un tel travail funeste
et des hommes et des chevaux.
Et donc le divin Achille
ne savait pas encore
Patrocle *être* mort.
Car ils combattaient bien à l'écart
des vaisseaux rapides,
sous le mur des Troyens;
pour cela (c'est pourquoi) il ne
dans *son* cœur   [pensait pas
lui être mort,
mais *il croyait lui* vivant,
s'étant approché des portes,
devoir revenir en arrière;
puisqu'il n'espérait pas du tout cela,
Patrocle devoir détruire la ville
sans lui, ni-même avec lui.
Car souvent
écoutant à l'écart (loin des autres),
il avait appris cela de *sa* mère,
laquelle rapportait à lui

δὴ τότε γ' οὐ οἱ ἔειπε κακὸν τόσον, ὅσσον ἐτύχθη, 110
μήτηρ, ὅττι ῥά οἱ πολὺ φίλτατος ὤλεθ' ἑταῖρος.

Οἱ δ' αἰεὶ περὶ νεκρὸν, ἀκαχμένα δούρατ' ἔχοντες,
νωλεμὲς ἐγχρίμπτοντο, καὶ ἀλλήλους ἐνάριζον.
Ὧδε δέ τις εἴπεσκεν Ἀχαιῶν χαλκοχιτώνων·

« Ὦ φίλοι, οὐ μὰν ἧμιν ἐϋκλεὲς ἀπονέεσθαι 115
νῆας ἔπι γλαφυράς· ἀλλ' αὐτοῦ γαῖα μέλαινα
πᾶσι χάνοι! Τό κεν ἧμιν ἄφαρ πολὺ κέρδιον εἴη,
εἰ τοῦτον Τρώεσσι μεθήσομεν ἱπποδάμοισιν
ἄστυ πότι σφέτερον ἐρύσαι, καὶ κῦδος ἀρέσθαι. »

Ὣς δέ τις αὖ Τρώων μεγαθύμων αὐδήσασκεν· 120

« Ὦ φίλοι, εἰ καὶ μοῖρα παρ' ἀνέρι τῷδε δαμῆναι
πάντας ὁμῶς, μήπω τις ἐρωείτω πολέμοιο. »

Ὣς ἄρα τις εἴπεσκε, μένος δ' ὄρσασκεν ἑταίρου.

Ὣς οἱ μὲν μάρναντο· σιδήρειος δ' ὀρυμαγδὸς
χάλκεον οὐρανὸν ἷκε δι' αἰθέρος ἀτρυγέτοιο. 125

---

tenant à l'écart, lui révélait les desseins du grand Jupiter ; mais elle lui avait caché l'affreux malheur qui devait arriver, la perte de son compagnon le plus cher.

Les combattants, tenant leurs lances à la pointe acérée, ne cessent de lutter autour du cadavre, et s'immolent les uns les autres. Alors un des Achéens, aux cuirasses d'airain, s'écrie :

« Amis, c'est une honte pour nous de retourner auprès des creux navires. Ah! que plutôt la terre entr'ouvre ses abîmes pour nous y engloutir! Il vaudrait mieux périr que de permettre aux Troyens, dompteurs de coursiers, d'entraîner Patrocle jusque dans leur ville et de se couvrir ainsi de gloire. »

Un des magnanimes Troyens dit à son tour :

« Amis, dussions-nous, par l'ordre du Destin, succomber tous auprès de ce cadavre, qu'aucun de nous n'abandonne le combat. »

C'est ainsi que chacun, par ses paroles, ranime le courage de son compagnon.

Ainsi combattaient ces guerriers. Le bruit du fer monte à travers les plaines stériles de l'air jusqu'au ciel d'airain.

νόημα μεγάλοιο Διός·
δὴ τότε γε μήτηρ
οὐκ ἐείπεν οἱ κακὸν
τόσον, ὅσσον ἐτύχθη,
ὅττι ῥα ὤλετο ἑταῖρος
κεῖθι φίλτατός οἱ.

la pensée du grand Jupiter ;
mais alors du moins sa mère
ne dit pas à lui le malheur
aussi-grand, qu'il fut accompli,
que certes avait péri le compagnon
de beaucoup le plus cher à lui.

Οἱ δὲ ἐγχρίμπτοντο αἰεὶ
νωλεμὲς περὶ νεκρὸν,
ἔχοντες δούρατα ἀκαχμένα,
καὶ ἐνάριζον ἀλλήλους.
Τίς δὲ Ἀχαιῶν
χαλκοχιτώνων
εἴπεσκεν ὧδε·

Or ceux-ci se heurtaient toujours
sans-cesse autour du mort,
ayant *leurs* lances aiguisées,
et *se* tuaient les-uns-les-autres.
Et quelqu'un des Achéens
aux-cuirasses-d'airain
disait ainsi :

« Ὦ φίλοι,
οὐ μὲν εὐκλεὲς ἡμῖν
ἀπονέεσθαι ἐπὶ νῆας γλαφυράς·
ἀλλὰ γαῖα μέλαινα
χάνοι πᾶσιν αὐτοῦ!
Τὸ ἄφαρ κεν εἴη ἡμῖν
πολὺ κέρδιον,
εἰ μεθήσομεν
Τρώεσσιν ἱπποδάμοισιν
ἐρύσαι τοῦτον
ποτὶ σφέτερον ἄστυ,
καὶ ἀρέσθαι κῦδος. »

« O amis,
il n'*est* certes pas glorieux pour nous
de retourner vers les vaisseaux creux ;
mais que la terre noire
s'entr'ouvre pour *nous* tous ici !
Cela arrivant aussitôt serait pour
de beaucoup meilleur,   [nous
si nous devons-permettre
aux Troyens dompteurs-de-chevaux
de traîner celui-ci (Patrocle)
vers leur ville,
et de remporter de la gloire. »

Τίς δὲ
Τρώων μεγαθύμων
αὐδήσασκεν ὥς αὖ·

Et quelqu'un
des Troyens magnanimes
parlait ainsi à son tour :

« Ὦ φίλοι, εἰ καὶ μοῖρα
πάντας ὁμῶς δαμῆναι
παρὰ τῷδε ἀνέρι,
μήπω τις
ἐρωείτω πολέμοιο. »

« O amis, même si le destin *était*
nous tous ensemble être domptés
auprès de cet homme,
que-jamais quelqu'un
ne se retire du combat. »

Τίς ἄρα εἴπεσκεν ὥς,
ὤρσασκε δὲ μένος
ἑταίρου.

Quelqu'un donc disait ainsi,
et excitait le courage
de *son* compagnon.

Οἱ μὲν μάρναντο ὥς·
ὀρυμαγδὸς δὲ σιδήρειος
ἵκεν οὐρανὸν χάλκεον
διὰ αἰθέρος ἀτρυγέτοιο.

Ceux-ci combattaient ainsi ;
et un bruit de-fer
venait au ciel d'-airain
à travers l'air stérile.

Ἵπποι δ' Αἰακίδαο, μάχης ἀπάνευθεν ἐόντες,
κλαῖον¹, ἐπειδὴ πρῶτα πυθέσθην ἡνιόχοιο
ἐν κονίῃσι πεσόντος ὑφ' Ἕκτορος ἀνδροφόνοιο.
Ἦ μὲν Αὐτομέδων, Διώρεος ἄλκιμος υἱός,
πολλὰ μὲν ἂρ μάστιγι θοῇ ἐπεμαίετο θείνων,   130
πολλὰ δὲ μειλιχίοισι προσηύδα, πολλὰ δ' ἀρειῇ·
τὼ δ' οὔτ' ἂψ ἐπὶ νῆας ἐπὶ πλατὺν Ἑλλήσποντον
ἠθελέτην ἰέναι, οὔτ' ἐς πόλεμον μετ' Ἀχαιούς·
ἀλλ' ὥστε στήλη μένει ἔμπεδον, ἥτ' ἐπὶ τύμβῳ
ἀνέρος ἑστήκει τεθνηότος ἠὲ γυναικός·   135
ὣς μένον ἀσφαλέως περικαλλέα δίφρον ἔχοντες,
οὔδει ἐνισκίμψαντε καρήατα· δάκρυα δέ σφι
θερμὰ κατὰ βλεφάρων χαμάδις ῥέε μυρομένοισιν,
ἡνιόχοιο πόθῳ· θαλερὴ δὲ μιαίνετο χαίτη,
ζεύγλης ἐξεριποῦσα παρὰ ζυγὸν ἀμφοτέρωθεν.   140
Μυρομένω δ' ἄρα τώγε ἰδὼν ἐλέησε Κρονίων,
κινήσας δὲ κάρη, προτὶ ὃν μυθήσατο θυμόν·

Les coursiers d'Achille pleuraient, loin du champ de bataille, depuis qu'ils avaient vu leur guide tombé dans la poussière, sous les coups de l'homicide Hector. Cependant Automédon, valeureux fils de Diorès, les excite tantôt en les frappant de son fouet rapide, tantôt en leur adressant de douces paroles, tantôt en leur faisant des menaces; mais ils ne veulent ni retourner vers les vaisseaux près du large Hellespont, ni se mêler au combat des Achéens. De même que la colonne funéraire reste immobile sur le tombeau d'un homme ou d'une femme : de même ils restent sans mouvement attelés au char magnifique, la tête penchée vers la terre; des larmes brûlantes coulent de leurs paupières : tant ils sont sensibles à la perte de Patrocle! Leur brillante crinière tombe, souillée de sang, de chaque côté du joug. A la vue d'une si grande douleur, le fils de Saturne est ému de pitié; il agite sa tête et dit en son cœur :

Ἵπποι δὲ   Or les chevaux
Αἰακίδαο,   du descendant-d'Éaque,
ἐόντες ἀπάνευθε μάχης,   étant à l'écart du combat,
κλαῖον, ἐπειδὴ πρῶτα   pleuraient, lorsque d'abord (dès que)
πυθέσθην ἡνιόχοιο   ils eurent remarqué *leur* conducteur
πεσόντος ἐν κονίῃσιν   tombé (renversé) dans la poussière
ὑπὸ ἀνδροφόνοιο Ἕκτορος·   par l'homicide Hector.
Ἦ μὲν Αὐτομέδων,   Certes pourtant Automédon,
υἱὸς ἄλκιμος Διώρεος,   fils courageux de Diorès,
πολλὰ μὲν ἄρ ἐπεμαίετο   souvent d'un côté *les* pressait
θείνων μάστιγι θοῇ,   en *les* frappant du fouet rapide,
πολλὰ δὲ προσηύδα   souvent de l'autre s'adressait-à *eux*
μειλιχίοισι,   par des *paroles* douces,
πολλὰ δὲ ἀρειῇ·   et souvent par des menaces;
τὼ δὲ οὔτε ἠθελέτην   mais ceux-ci ne voulaient point
ἰέναι ἄψ ἐπὶ νῆας   aller en arrière vers les vaisseaux
ἐπὶ Ἑλλήσποντον πλατύν,   vers l'Hellespont large,
οὔτε ἐς πόλεμον μετὰ Ἀχαιούς·   ni au combat vers les Achéens;
ἀλλὰ ὥστε στήλη   mais comme une colonne
μένει ἔμπεδον,   reste ferme (immobile),
ἥτε ἑστήκει ἐπὶ τύμβῳ   laquelle se tient sur le tombeau
ἀνέρος τεθνηότος ἠὲ γυναικός·   d'un homme mort ou d'une femme:
ὣς μένον   ainsi ils restaient
ἔχοντες δίφρον περικαλλέα   tenant le char magnifique
ἀσφαλέως,   sans-bouger,
ἐνισκίμψαντε κάρηατα οὔδει·   ayant approché *leurs* têtes de la terre;
δάκρυα δὲ θερμὰ   et des larmes chaudes
ῥέε χαμάδις κατὰ βλεφάρων   coulaient à-terre des paupières
σφι μυρομένοισι,   à eux se lamentant,   [ducteur;
πόθῳ ἡνιόχοιο·   par le regret *de la perte* du con-
χαίτη δὲ θαλερὴ   et *leur* crinière brillante
μιαίνετο,   était souillée,
ἐκπίπτουσα ἀμφοτέρωθεν   tombant de-chaque-côté
ζεύγλης   de la partie-latérale-du-joug
παρὰ ζυγόν.   le-long-du-joug.
Κρονίων δὲ ἄρα   Or donc le fils-de-Saturne
ἰδὼν τώγε μυρομένω   ayant vu ceux-ci se lamenter
ἐλέησε,   *les* prit-en-pitié,
κινήσας δὲ κάρη,   et ayant agité sa tête,
μυθήσατο προτὶ ὃν θυμόν·   il dit à (en) son cœur:

3.

« Ἀ δειλὼ, τί σφῶϊ δόμεν Πηλῆϊ ἄνακτι
Θνητῷ (ὑμεῖς δ' ἐστὸν ἀγήρω τ' ἀθανάτω τε);
Ἦ ἵνα δυστήνοισι μετ' ἀνδράσιν ἄλγε' ἔχητον;   115
Οὐ μὲν γάρ τί πού ἐστιν ὀϊζυρώτερον ἀνδρὸς
πάντων ὅσσα τε γαῖαν ἔπι πνείει τε καὶ ἕρπει.
Ἀλλ' οὐ μὲν ὑμῖν γε καὶ ἅρμασι δαιδαλέοισιν
Ἕκτωρ Πριαμίδης ἐποχήσεται· οὐ γὰρ ἐάσω.
Ἦ οὐχ ἅλις ὡς καὶ τεύχε' ἔχει, καὶ ἐπεύχεται αὔτως;   120
Σφῶϊν δ' ἐν γούνασσι βαλῶ μένος ἠδ' ἐνὶ θυμῷ,
ὄφρα καὶ Αὐτομέδοντα σαώσετον ἐκ πολέμοιο
νῆας ἔπι γλαφυράς· ἔτι γάρ σφισι κῦδος ὀρέξω,
κτείνειν, εἰσόκε νῆας ἐϋσσέλμους ἀφίκωνται,
δύη τ' ἠέλιος καὶ ἐπὶ κνέφας ἱερὸν ἔλθη. »   125

Ὣς εἰπὼν, ἵπποισιν ἐνέπνευσεν μένος ἠΰ.
Τὼ δ', ἀπὸ χαιτάων κονίην οὐδάσδε βαλόντε,

« Ah! malheureux! Pourquoi vous donnâmes-nous à Pélée, roi
mortel, vous que ne doivent atteindre ni la vieillesse ni la mort?
Était-ce pour que vous eussiez à supporter les souffrances des malheureux mortels? Parmi les êtres qui respirent et rampent sur la
terre, il n'en est certes point de plus infortuné que l'homme. Mais
Hector, fils de Priam, ne montera point sur votre superbe char : je
ne le permettrai pas. N'est-ce donc pas assez qu'il ait revêtu les armes
d'Achille, et qu'il s'en glorifie? Je vais donner de la force à vos
membres, du courage à vos cœurs, afin que vous emportiez Automédon loin du combat vers les creux navires; car j'accorderai encore
aux Troyens la gloire de porter partout le carnage, jusqu'au moment
où ils seront arrivés près des vaisseaux aux nombreux bancs de ra-
meurs, et où le soleil se couchant fera place à la divine obscurité de
la nuit. »

Par ces paroles, il leur inspire une généreuse ardeur. Les coursiers
aussitôt, secouant la poussière qui couvre leur crinière épaisse, en-

« Ἀ δειλὼ,
τί δόμεν σφῶϊ
Πηλῆϊ ἄνακτι θνητῷ
(ὑμεῖς δὲ ἐστὸν
ἀγήρω τε
ἀθανάτω τε);
Ἦ ἵνα
ἔχητον ἄλγεα
μετὰ ἀνδράσι δυστήνοισιν;
Οὔτι μὲν γάρ ἐστί που
ὀϊζυρώτερον ἀνδρὸς
πάντων ὅσσα τε πνείει τε
καὶ ἕρπει ἐπὶ γαῖαν.
Ἀλλὰ μὰν Ἕκτωρ Πριαμίδης·
οὐκ ἐποχήσεται ὑμῖν γε
καὶ ἅρμασι δαιδαλέοισιν·
οὐ γὰρ ἐάσω.
Ἦ οὐχ ἅλις
ὡς καὶ ἔχει τεύχεα,
καὶ ἐπεύχεται οὕτως;
Βαλῶ δὲ μένος
ἐν γούνασσιν
ἠδὲ ἐνὶ θυμῷ σφῶϊν,
ὄφρα σαώσετον ἐκ πολέμοιο
καὶ Αὐτομέδοντα
ἐπὶ νῆας γλαφυράς·
ὀρέξω γὰρ ἔτι σφισὶ
κῦδος, κτείνειν,
εἰσόκεν ἀφίκωνται
νῆας
ἐϋσσέλμους,
ἠέλιός τε δύῃ,
καὶ κνέφας ἱερὸν
ἐπέλθῃ. »
Εἰπὼν ὣς,
ἐνέπνευσεν ἵπποισι
μένος ἠΰ.
Τὼ δὲ, βαλόντε οὔδάσδε
κονίην ἀπὸ χαιτάων,
ἔφερον ῥίμφα

« Ah, malheureux !
pourquoi donnâmes-nous vous
à Pélée roi mortel
(or vous, vous êtes
et exempts-de-vieillesse
et immortels)?
Est-ce que c'était afin que
vous eussiez des douleurs
parmi les hommes malheureux ?
Car il n'est rien quelque-part
de plus misérable que l'homme
parmi tout ce-qui et respire
et rampe sur la terre.
Mais certes Hector fils-de-Priam
ne sera pas porté-sur vous du moins
et sur votre char magnifique ;
car je ne le permettrai pas.
Est-ce que ce n'est pas assez
que et il ait les armes d'Achille,
et il se glorifie ainsi ?
Or je mettrai de la force
dans les genoux
et dans le cœur à vous,
afin que vous sauviez du combat
aussi Automédon
vers les vaisseaux creux ;
car j'accorderai encore à eux
la gloire, à savoir, de tuer,
jusqu'à ce qu'ils soient arrivés
aux vaisseaux
bien-garnis-de-rameurs,
et que le soleil se soit couché,
et que l'obscurité sacrée
soit survenue. »
Ayant dit ainsi,
il souffla aux chevaux
une force généreuse.
Et ceux-ci, ayant jeté à-terre
la poussière de leurs crinières,
emportaient promptement

ῥίμφ' ἔφερον θοὸν ἅρμα μετὰ Τρῶας καὶ Ἀχαιούς.
Τοῖσι δ' ἐπ' Αὐτομέδων μάχετ', ἀχνύμενός περ ἑταίρου,
ἵπποις ἀΐσσων, ὥστ' αἰγυπιὸς μετὰ χῆνας·   460
ῥία μὲν γὰρ φεύγεσκεν ὑπὲκ Τρώων ὀρυμαγδοῦ,
ῥεῖα δ' ἐπαΐξασκε πολὺν καθ' ὅμιλον ὀπάζων.
Ἀλλ' οὐχ ᾕρει φῶτας, ὅτε σεύαιτο διώκειν·
οὐ γάρ πως ἦν, οἶον ἐόνθ' ἱερῷ ἐνὶ δίφρῳ
ἔγχει ἐφορμᾶσθαι, καὶ ἐπίσχειν ὠκέας ἵππους.   465
Ὀψὲ δὲ δή μιν ἑταῖρος ἀνὴρ ἴδεν ὀφθαλμοῖσιν
Ἀλκιμέδων, υἱὸς Λαέρκεος Αἱμονίδαο·
στῆ δ' ὄπιθεν δίφροιο, καὶ Αὐτομέδοντα προσηύδα·

   « Αὐτόμεδον, τίς τοί νυ θεῶν νηκερδέα βουλὴν
ἐν στήθεσσιν ἔθηκε, καὶ ἐξέλετο φρένας ἐσθλάς;   470
οἶον πρὸς Τρῶας μάχεαι πρώτῳ ἐν ὁμίλῳ
μοῦνος· ἀτάρ τοι ἑταῖρος ἀπέκτατο· τεύχεα δ' Ἕκτωρ
αὐτὸς ἔχων ὤμοισιν ἀγάλλεται Αἰακίδαο. »

   Τὸν δ' αὖτ Αὐτομέδων προσέφη, Διώρεος υἱός·

   « Ἀλκίμεδον, τίς γάρ τοι Ἀχαιῶν ἄλλος ὁμοῖος   475

trainent à la hâte le char rapide au milieu des Grecs et des Troyens. Automédon, malgré la douleur que lui cause la mort de son compagnon, se précipite au combat emporté sur ces coursiers, comme un vautour fond au milieu d'une troupe d'oies. Il échappe facilement au tumulte des Troyens et s'élance à la poursuite de leurs nombreuses phalanges; mais dans sa course impétueuse, il n'immole aucun guerrier; car, seul sur le char divin, il ne peut à la fois lancer le javelot et retenir les rapides coursiers. Enfin un de ses compagnons, Alcimédon, fils de Laercès descendant d'Émon, l'aperçoit; il se tient derrière le char et dit à Automédon :

   « Automédon, quel est donc celui des dieux qui t'a inspiré ce fatal dessein et qui t'a ravi la raison? Insensé! Tu combats seul aux premiers rangs contre les Troyens! Cependant ton noble compagnon a succombé; et Hector est fier de porter lui-même sur ses épaules les armes d'Achille. »

Automédon, fils de Diorès, lui répond en ces termes :

   « Alcimédon, quel est celui qui, parmi les Achéens, pourrait comme

ἄρμα θεὸν
μετὰ Τρῶας καὶ Ἀχαιούς.
Αὐτομέδων δὲ, ἀχνύμενός περ
ἑταίρου,
μάχετο
ἀΐσσων ἐπὶ τοῖσιν ἵπποις,
ὥστε αἰγυπιὸς μετὰ χῆνας·
φεύγεσκε μὲν γὰρ ῥέα
ὑπὲκ ὀρυμαγδοῦ Τρώων,
ἐπαΐξασκε δὲ ῥεῖα
κατὰ ὅμιλον πολὺν
διώκων.
ἀλλ᾽ οὐχ ᾕρει φῶτας,
ὅτε σεύαιτο διώκειν·
οὐ πως γὰρ ἦν
ἐόντα οἷον ἐνὶ δίφρῳ ἱερῷ
ἐφορμᾶσθαι ἔγχει,
καὶ ἐπίσχειν ἵππους ὠκέας.
Ὀψὲ δὲ δή ἀνὴρ ἑταῖρος,
Ἀλκιμέδων,
υἱὸς Λαέρκεος Αἱμονίδαο,
ἴδε μιν ὀφθαλμοῖσι·
στῆ δὲ ὄπιθεν δίφροιο,
καὶ προσηύδα Αὐτομέδοντα·
« Αὐτόμεδον, τίς θεῶν νυ
ἔθηκέ τοι ἐν στήθεσσι
βουλὴν νηκερδέα,
καὶ ἔξελετο ἐσθλὰς φρένας;
οἷον μάχεαι μοῦνος
πρὸς Τρῶας·
ἐν πρώτῳ ὁμίλῳ·
ἀτὰρ ἑταῖρός τοι
ἐπέκτατο·
Ἕκτωρ δὲ ἀγάλλεται
ἔχων αὐτὸς ὤμοισι
τεύχεα Αἰακίδαο. »
Αὐτομέδων δὲ, υἱὸς Διώρεος,
προσέφη τὸν αὖτε·
« Ἀλκίμεδον,
τίς γὰρ τοι ἄλλος Ἀχαιῶν

le char rapide
parmi les Troyens et les Achéens.
Et Automédon, quoique affligé
à *cause de son* compagnon,
combattait
s'élançant sur ces chevaux,
comme un vautour parmi des oies ;
car il fuyait à la vérité facilement
du tumulte des Troyens,
et il s'élançait facilement
à travers la foule nombreuse
en poursuivant.
Mais il ne tuait pas d'hommes,
lorsqu'il s'élançait *pour* poursuivre ;
car il n'était nullement possible
lui étant seul sur le char divin
s'élancer avec *sa* lance,
et retenir les chevaux rapides.
Mais enfin un homme compagnon,
Alcimédon,
fils de Laërcès issu-d'Émon,
vit lui de *ses* yeux ;
or il se tint derrière le char,
et dit-à Automédon :
« Automédon, lequel des dieux donc
a mis à toi dans la poitrine
un dessein inutile,
et t'a enlevé le bon sens ?
puisque tu combats seul
contre les Troyens   [rangs] ;
dans la première foule (aux premiers
cependant un compagnon à toi
a été tué ;
et Hector se glorifie
ayant lui-même sur les épaules
les armes du descendant-d'Éaque. »
Et Automédon, fils de Diorès,
dit-à lui de-son-côté :
« Alcimédon,
quel autre donc parmi les Achéens

ἵππων ἀθανάτων ἐχέμεν δμῆσίν τε μένος τε,
εἰ μὴ Πάτροκλος, θεόφιν μήστωρ ἀτάλαντος,
ζωὸς ἐών; Νῦν αὖ θάνατος καὶ μοῖρα κιχάνει·
ἀλλὰ σὺ μὲν μάστιγα καὶ ἡνία σιγαλόεντα
δέξαι, ἐγὼ δ' ἵππων ἀποβήσομαι, ὄφρα μάχωμαι. »　　　450

Ὣς ἔρατ'· Ἀλκιμέδων δὲ, βοηθόον ἅρμ' ἐπορούσας,
καρπαλίμως μάστιγα καὶ ἡνία λάζετο χερσίν·
Αὐτομέδων δ' ἀπόρουσε. Νόησε δὲ φαίδιμος Ἕκτωρ·
αὐτίκα δ' Αἰνείαν προσεφώνεεν, ἐγγὺς ἐόντα·

« Αἰνεία, Τρώων βουληφόρε χαλκοχιτώνων,　　　445
ἵππω τώδ' ἐνόησα ποδώκεος Αἰακίδαο·
ἐς πόλεμον προφανέντε σὺν ἡνιόχοισι κακοῖσι.
Τῷ κεν ἐελποίμην αἱρησέμεν, εἰ σύγε θυμῷ
σῷ ἐθέλεις· ἐπεὶ οὐκ ἂν, ἐφορμηθέντε γε νῶϊ¹,
τλαῖεν ἐναντίβιον στάντες μαχέσασθαι Ἄρηϊ. »　　　450

toi arrêter et exciter l'élan des coursiers immortels, si ce n'est Patrocle, égal aux dieux par la prudence de ses conseils, lorsqu'il était
plein de vie? Mais il est maintenant au pouvoir de la mort et de la
sombre Parque. Prends le fouet et les rênes brillantes; moi, je descendrai du char pour combattre. »

Il dit; et Alcimédon, s'élançant sur le char rapide, saisit aussitôt
de ses mains le fouet et les rênes; Automédon descend; le brillant
Hector, qui les aperçoit, s'approche d'Énée et lui dit :

« Énée, conseiller des Troyens aux cuirasses d'airain, je viens d'apercevoir les coursiers du rapide Achille, conduits au milieu des
combats par des écuyers maladroits. Aussi j'espère m'en rendre
maître, si tu veux me seconder. Précipitons-nous sur ces guerriers;
ils n'oseront point lutter face à face avec nous. »

ὁμοῖος
ἠχέμεν
ἐμῆσίν τε μένος τε
ἵππων ἀθανάτων,
εἰ μὴ Πάτροκλος,
μήστωρ ἀτάλαντος θεόφιν,
ἐὼν ζωός;
Νῦν αὖ θάνατος
καὶ μοῖρα
κιχάνει·
ἀλλὰ σὺ μὲν
δέξαι μάστιγα
καὶ ἡνία σιγαλόεντα,
ἐγὼ δὲ ἀποβήσομαι ἵππων,
ὄφρα μάχωμαι. »

Ἔρατο ὥς· Ἀλκιμέδων δὲ
ἐπορούσας
ἅρμα βοηθόον,
λάζετο καρπαλίμως χερσὶ
μάστιγα καὶ ἡνία·
Αὐτομέδων δὲ ἀπόρουσε.
Φαίδιμος δὲ Ἕκτωρ νόησεν·
αὐτίκα δὲ
προσεφώνεεν Αἰνείαν,
ἐόντα ἐγγύς·

« Αἰνεία,
βουληφόρε Τρώων
χαλκοχιτώνων,
ἐνόησα τώδε ἵππω
Αἰακίδαο
πλάνεος;
προφανέντε ἐς πόλεμον
σὺν ἡνιόχοισι κακοῖσι.
Τῷ κεν ἐελποίμην αἱρησέμεν,
εἰ σύγε
ἐθέλεις σῷ θυμῷ·
ἐπεὶ, νῶί γε ἐφορμηθέντε,
οὐκ ἂν τλαῖεν
μαχέσασθαι Ἄρηϊ
στάντες ἐναντίβιον. »

est semblable à toi
pour avoir-en-main
et la répression et l'élan
de ces chevaux immortels,
si ce n'est Patrocle,
conseiller égal aux dieux,
étant (quand il était) vivant ?
Mais maintenant la mort
et la destinée
l'atteignent (l'ont atteint);
mais toi à la vérité
prends le fouet
et les rênes splendides,
et moi je descendrai des chevaux,
afin que je combatte. »

Il dit ainsi; et Alcimédon
s'étant élancé
sur le char qui-vole-au-combat,
prit promptement dans ses mains
le fouet et les rênes;
et Automédon s'élança du char.
Or le brillant Hector les aperçut;
et aussitôt
il parla-à Énée,
qui-était tout-près de lui :

« Énée,
conseiller des Troyens
aux-cuirasses-d'airain,
j'ai aperçu ces-deux chevaux
du descendant-d'Éaque
aux-pieds-rapides
ayant paru dans le combat
avec des conducteurs maladroits.
Aussi j'espérerais les enlever,
si toi-du-moins
tu le veux dans ton cœur;   [eux,
puisque, nous nous étant élancés-sur
ils ne supporteraient pas
de combattre par Mars
en se tenant en-face. »

Ὣς ἔφατ᾽ · οὐδ᾽ ἀπίθησεν ἐὺς παῖς Ἀγχίσαο.
Τὼ δ᾽ ἰθὺς βήτην, βοέης εἰλυμένω ὤμους
αὔῃσι, στερεῇσι · πολὺς δ᾽ ἐπελήλατο χαλκός.
Τοῖσι δ᾽ ἅμα Χρομίος τε καὶ Ἄρητος θεοειδὴς
ἤϊσαν ἀμφότεροι· μάλα δέ σφισιν ἕλπετο θυμὸς   495
αὐτώ τε κτενέειν, ἐλάαν τ᾽ ἐριαύχενας ἵππους·
νήπιοι, οὐδ᾽ ἄρ᾽ ἔμελλον ἀναιμωτί γε νέεσθαι
αὖτις ἀπ᾽ Αὐτομέδοντος. Ὁ δ᾽ εὐξάμενος Διὶ πατρὶ,
ἀλκῆς καὶ σθένεος πλῆτο φρένας ἀμφιμελαίνας.
Αὐτίκα δ᾽ Ἀλκιμέδοντα προσηύδα, πιστὸν ἑταῖρον·   500

« Ἀλκίμεδον, μὴ δή μοι ἀπόπροθεν ἰσχέμεν ἵππους,
ἀλλὰ μάλ᾽ ἐμπνείοντε μεταφρένῳ. Οὐ γὰρ ἔγωγε
Ἕκτορα Πριαμίδην μένεος σχήσεσθαι ὀΐω,
πρίν γ᾽ ἐπ᾽ Ἀχιλλῆος καλλίτριχε βήμεναι ἵππω,
νῶϊ κατακτείναντα, φοβῆσαί τε στίχας ἀνδρῶν   505
Ἀργείων, ἤ κ᾽ αὐτὸς ἐνὶ πρώτοισιν ἁλόῃ. »

Il dit; et le noble fils d'Anchise obéit aussitôt. Les deux héros
s'avancent, les épaules couvertes de solides boucliers formés de peau
de bœuf et garnis de lames d'airain; avec eux marchent Chromius et
Arétus aux formes divines. Ils espèrent dans leur âme immoler leurs
ennemis et ravir les superbes coursiers. Les insensés! ils ne doivent
point revenir sans que leur sang ait coulé sous les coups d'Automédon.
Ce guerrier, après avoir imploré Jupiter, sent dans son cœur une
force et une ardeur nouvelles. Aussitôt il s'adresse à Alcimédon, son
compagnon fidèle :

« Alcimédon, ne tiens pas les chevaux éloignés de moi; je veux
sentir leur haleine sur mes épaules. Car je ne pense pas qu'Hector,
fils de Priam, mette un terme à sa fureur, avant de nous avoir immolés tous deux, avant d'être monté sur les superbes coursiers
d'Achille, avant d'avoir dispersé les bataillons argiens ou d'avoir été
fait prisonnier lui-même aux premiers rangs. »

Ἔρατο ὥς·
ἐὸς δὲ παῖς Ἀγχίσαο
οὐκ ἀπίθησε.
Τὼ δὲ βήτην ἰθύς,
εἰλυμένω ὥμους·
βοείης αὔῃσι·,
στερεῇσι·
χαλκὸς δὲ πολὺς
ἐκελήλατο.
Ἅμα δὲ τοῖσι Χρομίος τε
καὶ Ἄρητος θεοειδὴς
ἤϊσαν ἀμφότεροι·
θυμὸς δέ σφισιν ἔλπετο μάλα
κτενέειν τε αὐτώ,
ἐλάαν τε ἵππους ἐριαύχενας·
νήπιοι,
οὐδὲ ἔμελλον ἄρα γε
νέεσθαι αὖτις
ἀπὸ Αὐτομέδοντος
ἀναιμωτί.
Ὁ δὲ εὐξάμενος
Διὶ πατρὶ,
πλῆτο ἀλκῆς καὶ σθένεος·
φρένας ἀμφιμελαίνας.
Αὐτίκα δὲ προσηύδα
Ἀλκιμέδοντα, ἑταῖρον πιστόν·
« Ἀλκίμεδον, μὴ δὴ ἰσχέμεν μοι
ἵππους ἀπόπροθεν,
ἀλλὰ μάλα ἐμπνείοντε μεταφρένῳ.
Ἔγωγε γὰρ οὐκ ὀΐω
Ἕκτορα Πριαμίδην
σχήσεσθαι μένεος,
πρίν γε ἐπιβήμεναι
ἵππω Ἀχιλλῆος
καλλίτριχε,
κατακτείναντα νῶϊ,
φοβῆσαί τε
στίχας ἀνδρῶν Ἀργείων,
ἢ αὐτός κεν ἁλῴη
ἐνὶ πρώτοισιν. »

Il dit ainsi ;
et le noble fils d'Anchise
ne désobéit pas.
Et ceux-ci-tous-deux allèrent droit,
enveloppés *quant* aux épaules
de *peaux* de-bœufs desséchées,
solides ;
or un airain épais
avait été étendu–dessus.
Et avec eux et Chromius
et Arétus à-la-forme-divine
allèrent tous-les-deux ;
et le cœur à eux espérait beaucoup
et *les* tuer eux-mêmes,
et emmener les chevaux au-cou-élevé :
insensés,
ils ne devaient donc plus du moins
aller en arrière (retourner)
d'auprès d'Automédon
sans-avoir-versé-du-sang.
Or celui-ci, ayant adressé-des-prières
à Jupiter père *des hommes*,
fut rempli de courage et de force
dans son cœur noir-tout-autour.
Et aussitôt il s'adressa
à Alcimédon, *son* compagnon fidèle :
« Alcimédon, ne tiens pas à moi
les chevaux à distance,   [dos.
mais tout-à-fait soufflant-sur *mon*
Car moi-du-moins je ne pense pas
Hector fils-de-Priam
devoir se désister de *son* ardeur,
avant du moins d'avoir monté
sur les chevaux d'Achille
à-la-belle-crinière,
ayant tué nous-deux,
et d'avoir mis-en-fuite
les bataillons des guerriers argiens,
ou *avant* que lui-même ait été pris
parmi les premiers *combattants*. »

Ὣς εἰπὼν, Αἴαντε καλέσσατο καὶ Μενέλαον·

« Αἴαντ', Ἀργείων ἡγήτορε, καὶ Μενέλαε,

ἤτοι μὲν τὸν νεκρὸν ἐπιτράπεθ', οἵπερ ἄριστοι,

ἀμφ' αὐτῷ βεβάμεν, καὶ ἀμύνεσθαι στίχας ἀνδρῶν·   510

νῶϊν δὲ ζωοῖσιν ἀμύνετε νηλεὲς ἦμαρ.

Τῇδε γὰρ ἔβρισαν πόλεμον κάτα δακρυόεντα

Ἕκτωρ Αἰνείας θ', οἳ Τρώων εἰσὶν ἄριστοι.

Ἀλλ' ἤτοι μὲν ταῦτα θεῶν ἐν γούνασι κεῖται·

ἥσω γὰρ καὶ ἐγώ· τὰ δέ κεν Διῒ πάντα μελήσει. »   515

Ἦ ῥα, καὶ ἀμπεπαλὼν προΐει δολιχόσκιον ἔγχος,

καὶ βάλεν Ἀρήτοιο κατ' ἀσπίδα πάντοσ' ἐΐσην·

ἡ δ' οὐκ ἔγχος ἔρυτο, διαπρὸ δὲ εἴσατο χαλκός·

νειαίρῃ δ' ἐν γαστρὶ διὰ ζωστῆρος ἔλασσεν.

Ὡς δ' ὅτ' ἂν ὀξὺν ἔχων πέλεκυν αἰζήϊος ἀνὴρ,   520

κόψας ἐξόπιθεν κεράων βοὸς ἀγραύλοιο,

ἵνα τάμῃ διὰ πᾶσαν, ὁ δὲ προθορὼν ἐρίπῃσιν·

ὣς ἄρ' ὅγε προθορὼν πέσεν ὕπτιος· ἐν δέ οἱ ἔγχος,

Il dit, puis il appelle les deux Ajax et Ménélas :

« Ajax, chefs des Grecs, et toi, Ménélas, confiez aux plus vaillants guerriers le soin de protéger les restes de Patrocle et d'écarter les phalanges ennemies, et détournez de nous le jour fatal. Hector et Énée, les plus braves des Troyens, dirigent leurs efforts de ce côté dans cette guerre lamentable. Mais notre sort est entre les mains des dieux. Pour moi, je lancerai mon javelot; Jupiter prendra soin de tout. »

Il dit, et brandissant une longue javeline, il la lance et atteint le bouclier bien arrondi d'Arétus; le trait, loin d'être arrêté, pénètre tout entier, et s'enfonce, à travers le baudrier, jusque dans les flancs du héros. Lorsqu'un homme encore jeune, tenant à la main une hache tranchante, frappe au-dessus des cornes un bœuf rustique, et coupe entièrement les nerfs du cou, l'animal bondit et tombe : tel Arétus

Εἰπὼν ὥς, καλέσσατο
Αἴαντε καὶ Μενέλαον·

« Αἴαντε, ἡγήτορε Ἀργείων,
καὶ Μενέλαε, ἤτοι μὲν
ἐπιτράπετε τὸν νεκρὸν,
οἵπερ ἄριστοι,
βεβάμεν ἀμφὶ αὐτῷ,
καὶ ἀμύνεσθαι
στίχας ἀνδρῶν·
ἀμύνετε δὲ ἦμαρ νηλεὲς
τῶϊν ζωοῖσιν.
Ἕκτωρ γὰρ Αἰνείας τε,
οἳ εἰσιν ἄριστοι Τρώων,
ἔδρισαν τῇδε
κατὰ πόλεμον
δακρυόεντα.
Ἀλλὰ ἤτοι μὲν ταῦτα
κεῖται ἐν γούνασι θεῶν·
καὶ γὰρ ἐγὼ ἥσω·
πάντα δὲ τὰ
μελήσει κε Διΐ. »
Ἦ ῥα,
καὶ προΐει ἔγχος δολιχόσκιον,
ἀμπεπαλὼν,
καὶ βάλε κατὰ ἀσπίδα Ἀρήτοιο
ἴσην πάντοσε·
ἡ δὲ
οὐκ ἔρυτο ἔγχος,
χαλκὸς δὲ εἴσατο διαπρό·
ἔλασσε δὲ
διὰ ζωστῆρος
ἐν νειαίρῃ γαστρί.
Ὡς δὲ ὅτε ἀνὴρ αἰζήιος
ἔχων πέλεκυν ὀξὺν,
κόψας ἐξόπιθεν κεράων
βοὸς ἀγραύλοιο,
διατάμῃ ἶνα πᾶσαν,
ὁ δὲ ἐρίπῃσι προθορών·
ὡς ἄρα ὅγε
πέσεν ὕπτιος προθορών·

Ayant dit ainsi, il appela
les deux-Ajax et Ménélas :

« Ajax, chefs des Argiens,
et toi, Ménélas, certes à la vérité
confiez le mort
à ceux qui sont les meilleurs,
pour aller autour de lui,
et pour écarter
les bataillons des hommes (ennemis);
et éloignez le jour fatal
de nous-deux encore vivants.
Car Hector et Énée,
qui sont les plus braves des Troyens,
ont fait-une-charge de-ce-côté
à travers cette guerre (mêlée)
lamentable.
Mais certes à la vérité ces choses
reposent sur les genoux des dieux;
car moi je lancerai mon javelot;
et toutes ces choses
seront-à-soin à Jupiter. »
Il dit donc,
et il lança sa lance à-longue-ombre,
l'ayant brandie,
et il frappa au bouclier d'Arétus
égal de-tous-côtés;
et ce bouclier
ne repoussa point la lance,
mais l'airain traversa de-part-en-part;
et Alcimédon fit-entrer la lance
à travers le baudrier
dans le bas-ventre.
Or comme lorsqu'un homme jeune
tenant une hache aiguë,
ayant frappé derrière les cornes
d'un bœuf rustique,
a coupé le nerf tout-entier,
et que celui-ci tombe ayant bondi :
ainsi donc celui-ci
tomba à-la-renverse ayant bondi;

νηδυίοισι μαλ' όξὺ κραδαινόμενον, λῦε γυῖα.
Ἕκτωρ δ' Αὐτομέδοντος ἀκόντισε δουρὶ φαεινῷ·   55
ἀλλ' ὁ μὲν ἄντα ἰδὼν ἠλεύατο χάλκεον ἔγχος·
πρόσσω γὰρ κατέκυψε· τὸ δ' ἐξόπιθεν δόρυ μακρὸν
οὔδει ἐνισκίμφθη, ἐπὶ δ' οὐρίαχος πελεμίχθη
ἔγχεος· ἔνθα δ' ἔπειτ' ἀφίει μένος ὄβριμος Ἄρης.
Καί νύ κε δὴ ξιφέεσσ' αὐτοσχεδὸν ὁρμηθήτην,   50
εἰ μή σφω' Αἴαντε διέκριναν μεμαῶτε,
οἵ ῥ' ἦλθον κατ' ὅμιλον, ἑταίρου κικλήσκοντος.
Τοὺς ὑποταρβήσαντες ἐχώρησαν πάλιν αὖτις
Ἕκτωρ Αἰνείας τ' ἠδὲ Χρομίος θεοειδής·
Ἄρητον δὲ κατ' αὖθι λίπον, δεδαϊγμένον ἦτορ,   515
κείμενον· Αὐτομέδων δὲ, θοῷ ἀτάλαντος Ἄρηϊ,
τεύχεά τ' ἐξενάριξε, καὶ εὐχόμενος ἔπος ηὔδα·

« Ἦ δὴ μὰν ὀλίγον γε Μενοιτιάδαο θανόντος
κῆρ ἄχεος μεθέηκα, χερείονά περ καταπέφνων. »

bondit et tombe à la renverse. Le trait à la pointe acérée frémit dans
ses entrailles, et lui ravit les forces. Hector lance contre Automédon
un brillant javelot; Automédon l'aperçoit et évite la lance d'airain;
il se penche; le long javelot va derrière lui s'enfoncer dans la terre
en frémissant, et le trait impétueux perd sa force. Les deux héros se
seraient sans doute attaqués, le glaive à la main, si les Ajax, pleins
d'une noble ardeur, ne fussent venus les séparer, accourant à travers
la foule à la voix de leur compagnon. Hector, Énée et Chromius aux
formes divines, reculent frappés d'effroi; ils laissent là gisant sur le
sol Arétus, dont le cœur est transpercé. Automédon, semblable à
l'impétueux Mars, le dépouille de ses armes, et s'écrie d'un air de
triomphe :

« J'ai du moins un peu apaisé dans mon cœur le chagrin que je
ressentais de la mort du fils de Ménétius, quoique j'aie immolé un
guerrier moins brave que lui. »

ἔγχος δὲ, κραδαινόμενον	or la lance, étant vibrée
μάλα ὀξὺ νηδυίοισι,	très-acérée dans les entrailles,
λῦε γυῖα οἱ.	délia les membres à lui.
Ἕκτωρ δὲ	Et Hector
ἀκόντισεν Αὐτομέδοντος	darda contre Automédon
δουρὶ φαεινῷ·	avec son javelot brillant ;
ἀλλὰ ὁ μὲν	mais celui-ci à la vérité
ἰδὼν ἄντα	l'ayant vu en-face
ἠλεύατο ἔγχος χάλκεον·	évita la lance d'-airain ;
κατέκυψε γὰρ πρόσσω·	car il se pencha en avant ;
τὸ δὲ δόρυ μακρὸν	et la lance longue
ἐνοσκίμφθη ἐξόπιθεν οὔδει,	s'enfonça par-derrière dans le sol,
οὐρίαχος δὲ ἔγχεος	et l'extrémité de la lance
ἐπεπελεμίχθη·	se remua (trembla) ;
ἔπειτα δὲ ἔνθα — —	et ensuite alors
Ἄρης ὄβριμος	Mars (le fer) impétueux
ἀφίει μένος.	perdit sa force.
Καί νυ δή	Et sans-doute alors
κεν ὁρμηθήτην	ils se seraient élancés (attaqués)
αὐτοσχεδὸν ξιφέεσσιν,	de près avec les glaives,
εἰ Αἴαντε μεμαῶτε	si les Ajax étant-pleins-d'ardeur
μὴ διέκριναν σφωε,	n'eussent séparé eux, [foule,
οἵ ῥα ἦλθον κατὰ ὅμιλον,	les Ajax qui vinrent à travers la
ἑταίρου κικλήσκοντος·	leur compagnon les appelant.
Ἕκτωρ Αἰνείας τε	Hector et Énée
ἠδὲ Χρομίος θεοειδὴς	et Chromius à-la-forme-divine
ὑποταρβήσαντες τοὺς	ayant craint-un-peu ceux-ci
ἐχώρησαν πάλιν αὖτις·	se retirèrent de nouveau en arrière ;
κατέλιπον δὲ κείμενον αὐθι	et ils laissèrent gisant là
Ἄρητον, δεδαϊγμένον ἦτορ·	Arétus, ayant été percé au cœur ;
Αὐτομέδων δὲ,	or Automédon,
ἀτάλαντος Ἄρηϊ θοῷ,	pareil à Mars rapide,
ἐξενάριξέ τε τεύχεα,	et le dépouilla de ses armes,
καὶ εὐχόμενος ηὔδα ἔπος·	et se glorifiant dit cette parole :
« Ἦ δὴ μὰν ὀλίγον γε	« Certes déjà un peu du moins
μεθῆκα κῆρ	j'ai relâché mon cœur
ἄχεος	du chagrin qu'il ressentait
Μενοιτιάδαο θανόντος,	à cause du fils-de-Ménétius mort,
κατακτείνων περ	quoique ayant tué
χερείονα. »	un homme inférieur (moins brave).»

Ὡς εἰπὼν, ἐς δίφρον ἑλὼν ἔναρα βροτόεντα
θῆκ'· ἂν δ' αὐτὸς ἔβαινε, πόδας καὶ χεῖρας ὕπερθεν
αἱματόεις, ὥς τίς τε λέων κατὰ ταῦρον ἐδηδώς.

Ἂψ δ' ἐπὶ Πατρόκλῳ τέτατο κρατερὴ ὑσμίνη,
ἀργαλέη, πολύδακρυς· ἔγειρε δὲ νεῖκος Ἀθήνη,
οὐρανόθεν καταβᾶσα· προῆκε γὰρ εὐρύοπα Ζεὺς
ὀρνύμεναι Δαναούς· δὴ γὰρ νόος ἐτράπετ' αὐτοῦ.
Ἠΰτε πορφυρέην Ἶριν θνητοῖσι τανύσσῃ
Ζεὺς ἐξ οὐρανόθεν, τέρας ἔμμεναι ἢ πολέμοιο,
ἢ καὶ χειμῶνος δυσθαλπέος, ὅς ῥά τε ἔργων
ἀνθρώπους ἀνέπαυσεν ἐπὶ χθονί, μῆλα δὲ κήδει·
ὣς ἡ πορφυρέη νεφέλη πυκάσασά ἑ αὐτὴν,
δύσετ' Ἀχαιῶν ἔθνος, ἔγειρε δὲ φῶτα ἕκαστον.
Πρῶτον δ' Ἀτρέος υἱὸν ἐποτρύνουσα προσηύδα,
ἴφθιμον Μενέλαον (ὁ γάρ ῥά οἱ ἐγγύθεν ἦεν),
εἰσαμένη Φοίνικι δέμας καὶ ἀτειρέα φωνήν·
« Σοὶ μὲν δὴ, Μενέλαε, κατηφείη καὶ ὄνειδος

A ces mots, il place sur le char les dépouilles sanglantes; il y
monte lui-même, les pieds et les mains tout ensanglantés, semblable
au lion qui vient de dévorer un taureau.

Alors recommence autour de Patrocle une lutte acharnée, funeste,
lamentable; Minerve descend du ciel pour ranimer le combat; c'est
Jupiter, le dieu retentissant, qui l'envoie pour réveiller l'ardeur des
Grecs; car il avait changé de dessein. De même que du haut du ciel
Jupiter étend l'arc aux mille couleurs pour annoncer aux mortels ou
la guerre ou la froide saison, qui sur la terre arrête les travaux des
hommes et attriste les troupeaux : de même la déesse, enveloppée
d'un nuage de pourpre, se plonge dans la foule des Achéens et excite
chaque guerrier. Elle adresse d'abord ses encouragements au fils
d'Atrée, au vaillant Ménélas qui se trouvait près d'elle; elle avait em-
prunté les traits et la forte voix de Phénix :

« Quel opprobre, quelle honte pour toi, Ménélas, si le fidèle com-

Εἰπὼν ὥς,	Ayant dit ainsi,
ᾖκεν ἐς δίφρον	il plaça sur le char
ἔναρα βροτόεντα	les dépouilles sanglantes
ἑλών·	les ayant (après les avoir) prises ;
αὐτὸς δὲ ἀνέβαινεν,	et lui-même montait-dessus,
αἱματόεις ὕπερθε	ensanglanté en-dessus
πόδας καὶ χεῖρας,	aux pieds et aux mains,
ὥς τίς τε λέων	comme un lion
κατεδηδὼς ταῦρον.	qui-a-dévoré un taureau.
Ἐπὶ δὲ Πατρόκλῳ	Et autour de Patrocle
τέτατο ἀψ ὑσμίνη	s'étendit de nouveau un combat
κρατερή, ἀργαλέη, πολύδακρυς·	terrible, affreux, lamentable ;
Ἀθήνη δὲ, καταβᾶσα οὐρανόθεν,	or Minerve, étant descendue du-ciel,
ἔγειρε νεῖκος·	excitait la lutte ;
Ζεὺς γὰρ εὐρύοπα	car Jupiter retentissant-au-loin
προΐαλλεν ὀρνύμεναι Ἀχαιούς·	l'envoya pour exciter les Grecs ;
δὴ γὰρ νόος αὐτοῦ	car déjà la pensée de lui
ἐτράπετο.	avait été changée.
Ἠΰτε ἐξ οὐρανόθεν	De même que du-haut-du-ciel
Ζεὺς τανύσσῃ θνητοῖσιν	Jupiter étend pour les mortels
ἶριν πορφυρέην,	l'arc-en-ciel de-pourpre,
ἔμμεναι τέρας ἢ πολέμοιο,	pour être présage ou de la guerre,
ἢ καὶ χειμῶνος δυσθαλπέος,	ou même de la saison froide,
ὅς ῥά τε ἀνέπαυσεν ἀνθρώπους	qui certes fait-cesser aux hommes
ἔργων ἐπὶ χθονί,	leurs travaux sur la terre,
κήδει δὲ μῆλα·	et qui attriste les troupeaux :
ὣς ἢ	de même celle-ci
καλυψαμένη ἑ αὐτὴν	s'étant enveloppée elle-même
νεφέλῃ πορφυρέῃ,	d'un nuage de-pourpre,
δύσετο ἔθνος Ἀχαιῶν,	pénétra dans la foule des Achéens,
ἔγειρε δὲ ἕκαστον φῶτα.	et excita chaque guerrier.
Πρῶτον δὲ προσηύδα	Et d'abord elle s'adressa
υἱὸν Ἀτρέος, ἴφθιμον Μενέλαον,	au fils d'Atrée, au vaillant Ménélas,
ἐπιτρύνουσα,	en l'encourageant,
(ὁ γάρ ῥα ἦεν ἐγγύθεν οἱ),	(car celui-ci était près d'elle),
εἰσαμένη Φοίνικι	s'étant assimilée à Phénix
δέμας καὶ φωνὴν ἀτειρέα·	pour le corps et la voix infatigable :
« Κατηφείη καὶ ὄνειδος,	« L'opprobre et la honte,
Μενέλαε,	Ménélas,
ἔσσεται δὴ σοὶ μὲν,	seront certes à toi à la vérité,

ἔσσεται, εἴ χ' Ἀχιλῆος ἀγαυοῦ πιστὸν ἑταῖρον
τείχει ὑπο Τρώων ταχέες κύνες ἑλκήσουσιν.
Ἀλλ' ἔχεο κρατερῶς, ὄτρυνε δὲ λαὸν ἅπαντα. »

    Τὴν δ' αὖτε προσέειπε βοὴν ἀγαθὸς Μενέλαος·   560

« Φοῖνιξ, ἄττα, γεραιὲ παλαιγενὲς, εἰ γὰρ Ἀθήνη
δοίη κάρτος ἐμοὶ, βελέων δ' ἀπερύκοι ἐρωήν·
Τῷ κεν ἔγωγ' ἐθέλοιμι παρεστάμεναι καὶ ἀμύνειν
Πατρόκλῳ· μάλα γάρ με θανὼν ἐσεμάσσατο θυμόν.
Ἀλλ' Ἕκτωρ πυρὸς αἰνὸν ἔχει μένος, οὐδ' ἀπολήγει   565
χαλκῷ δηϊόων· τῷ γὰρ Ζεὺς κῦδος ὀπάζει. »

    Ὣς φάτο· γήθησεν δὲ θεὰ γλαυκῶπις Ἀθήνη,
ὅττι ῥά οἱ πάμπρωτα θεῶν ἠρήσατο πάντων.
Ἐν δὲ βίην ὤμοισι καὶ ἐν γούνασσιν ἔθηκε,   570
καί οἱ μυίης θάρσος ἐνὶ στήθεσσιν ἐνῆκεν,
ἥτε, καὶ ἐργομένη μάλα περ χροὸς ἀνδρομέοιο,
ἰσχανάᾳ δακέειν, λαρόν τέ οἱ αἷμ' ἀνθρώπου·

pagnon de l'illustre Achille devient, sous les murs d'Ilion, la proie des chiens dévorants! Mais reste inébranlable, et enflamme tout ton peuple. »

Le valeureux Ménélas répond aussitôt :

« Phénix, mon père, vieillard vénérable, plût aux dieux que Minerve me donnât la force et me préservât des traits impétueux! Alors je voudrais défendre et protéger Patrocle; car sa mort a vivement ému mon cœur. Mais Hector a la force terrible du feu; il ne cesse de répandre le carnage, le fer à la main; Jupiter le comble de gloire. »

Il dit, et Minerve, la déesse aux yeux d'azur, se réjouit de ce que Ménélas l'implore la première entre toutes les divinités. Elle donne une force nouvelle aux épaules et aux genoux du héros, et souffle dans sa poitrine l'audace de la mouche, qui, sans cesse écartée du corps de l'homme, revient toujours pour le piquer, tant elle est avide de sang humain : telle est l'audace dont Minerve remplit le cœur noir

εἰ κύνες, ταχέες κεν ἑλκήσουσιν
ὑπὸ τείχει Τρώων
ἑταῖρον πιστὸν
ἀγαυοῦ Ἀχιλῆος.
Ἀλλὰ ἔχεο κρατερῶς,
ὄτρυνε δὲ ἅπαντα λαόν. »
    Μενέλαος δὲ ἀγαθὸς βοὴν
προσέειπε τὴν αὖτε·
    « Φοῖνιξ, ἄττα,
γεραιὲ παλαιγενὲς,
εἰ γὰρ Ἀθήνη
δοίη κάρτος ἐμοὶ,
ἀπερύκοι δὲ
ἑρωὴν βελέων!
Τῷ ἔγωγέ κεν ἐθέλοιμι
παρεστάμεναι
καὶ ἀμύνειν Πατρόκλῳ·
θανὼν γὰρ
ἐπεμάσσατο μάλα με θυμόν.
Ἀλλὰ Ἕκτωρ
ἔχει μένος αἰνὸν πυρὸς,
οὐδὲ ἀπολήγει
δῃόων χαλκῷ·
Ζεὺς γὰρ ὀπάζει τῷ κῦδος. »
    Φάτο ὡς· Ἀθήνη δὲ,
θεὰ γλαυκῶπις,
γήθησεν, ὅττι ἑα
ἠρήσατο
πάμπρωτά οἱ
πάντων θεῶν.
Ἔθηκε δὲ βίην
ἐν ὤμοισι καὶ ἐν γούνασι,
καὶ ἐνῆκεν ἐνὶ στήθεσσίν οἱ
θάρσος μυίης,
ἥτε, καίπερ ἐργομένη μάλα
χροὸς ἀνδρομέοιο,
ἰσχανάᾳ δακεῖν,
αἷμά τε ἀνθρώπου
λαρόν οἱ·
κ᾽τοί μιν

si les chiens rapides déchirent
sous le mur des Troyens
le compagnon fidèle
de l'illustre Achille.
Mais tiens-toi fermement,
et excite tout son peuple. »
    Or Ménélas brave au combat
dit-à-elle à-son-tour :
    « Phénix, mon père,
vieillard né-depuis-longtemps,
plût-aux-dieux-que Minerve
donnât de la force à moi,
et écartât-de moi
l'impétuosité des traits!
Ainsi moi-du-moins je voudrais
assister
et défendre Patrocle ;
car étant mort (par sa mort)
il a ému fortement moi au cœur.
Mais Hector
a la force terrible du feu,
et il ne cesse pas
tuant (de tuer) avec l'airain ;
car Jupiter accorde à lui la gloire. »
    Il dit ainsi ; et Minerve,
déesse aux-yeux-d'azur,
se réjouit, de ce que certes
il avait adressé-des-prières
tout-d'abord à elle
parmi toutes les divinités.
Or elle lui mit la force
dans les épaules et dans les genoux,
et elle fit-entrer dans la poitrine à lui
l'audace de la mouche,
qui, quoique étant écartée souvent
du corps humain,
persévère à mordre,
et le sang de l'homme
est agréable à elle :
Minerve remplit lui

τοίω μιν θάρσευς πλῆσε φρένας ἀμφιμελαίνας.
Βῆ δ' ἐπὶ Πατρόκλῳ, καὶ ἀκόντισε δουρὶ φαεινῷ.
Ἔσκε δ' ἐνὶ Τρώεσσι Ποδῆς, υἱὸς Ἠετίωνος, 575
ἀφνειός τ' ἀγαθός τε· μάλιστα δέ μιν τίεν Ἕκτωρ
δήμῳ, ἐπεί οἱ ἑταῖρος ἔην φίλος εἰλαπιναστής·
τόν ῥα κατὰ ζωστῆρα βάλε ξανθὸς Μενέλαος,
ἀΐξαντα φόβονδε· διαπρὸ δὲ χαλκὸν ἔλασσε·
δούπησεν δὲ πεσών. Ἀτὰρ Ἀτρείδης Μενέλαος 580
νεκρὸν ὑπὲκ Τρώων ἔρυσεν μετὰ ἔθνος ἑταίρων.

Ἕκτορα δ' ἐγγύθεν ἱστάμενος ὤτρυνεν Ἀπόλλων,
Φαίνοπι Ἀσιάδῃ ἐναλίγκιος, ὅς οἱ ἀπάντων
ξείνων φίλτατος ἔσκεν, Ἀβυδόθι οἰκία ναίων·
τῷ μιν ἐεισάμενος προσέφη ἑκάεργος Ἀπόλλων· 585

« Ἕκτορ, τίς κέ σ' ἔτ' ἄλλος Ἀχαιῶν ταρβήσειεν;
οἷον δὴ Μενέλαον ὑπέτρεσας, ὃς τοπάρος περ
μαλθακὸς αἰχμητής· νῦν δ' οἴχεται οἷος ἀείρας
νεκρὸν ὑπὲκ Τρώων, σὸν δ' ἔκτανε πιστὸν ἑταῖρον,

de Ménélas. Ce héros marche vers Patrocle et lance un brillant javelot. Parmi les Troyens était un homme opulent et courageux, Podès,
fils d'Éétion ; Hector l'honorait surtout entre ses concitoyens, parce
qu'il était à la fois son compagnon et son convive chéri. Le blond
Ménélas l'atteint au baudrier, au moment où il s'élance pour prendre
la fuite; l'airain traverse le corps de Podès qui tombe avec fracas, et
Ménélas, fils d'Atrée, arrache aux Troyens le cadavre et l'entraîne
vers la foule de ses compagnons.

Apollon s'approche d'Hector et l'encourage, sous les traits du fils
d'Asius, de Phénops, qui, habitant un palais dans Abydos, était pour
Hector un hôte bien aimé; c'est sous la forme de ce héros que le dieu
qui lance au loin les traits, vient lui dire :

« Hector, quel est donc celui des Achéens qui te redouterait désormais, puisque tu fuis devant Ménélas, guerrier jusqu'ici sans courage?
Maintenant il se retire, après avoir, à lui seul, enlevé aux Troyens le

τοίου θάρσευς·
φρένας ἀμφιμελαίνας·
Βῆ δὲ ἐπὶ Πατρόκλῳ,
καὶ ἀκόντισε δουρὶ φαεινῷ.
Ἐνὶ δὲ Τρώεσσιν
ἔσκε Ποδῆς, υἱὸς Ἠετίωνος,
ἀφνειός τε ἀγαθός τε·
Ἕκτωρ δὲ τίε μιν μάλιστα
δήμου,
ἐπεὶ ἦν οἱ
ἑταῖρος εἰλαπιναστὴς φίλος·
ξανθὸς Μενέλαός ῥα
βάλε κατὰ ζωστῆρα τόν,
ἀΐξαντα φόβονδε·
ἔλασσε δὲ χαλκὸν
διαπρό·
δούπησε δὲ πεσών.
Ἀτὰρ Μενέλαος Ἀτρείδης
ἔρυσε νεκρὸν
ὑπὲκ Τρώων
μετὰ ἔθνος ἑταίρων.

Ἀπόλλων δὲ ὤτρυνεν Ἕκτορα,
ἱστάμενος ἐγγύθεν,
ἐναλίγκιος Φαίνοπι Ἀσιάδῃ,
ὅς, ναίων οἰκία
Ἀβυδόθι,
ἔσκεν οἱ φίλτατος
ἁπάντων ξείνων·
εἰσάμενος τῷ,
Ἀπόλλων ἑκάεργος·
προσέφη μιν·

« Ἕκτορ, τίς ἄλλος Ἀχαιῶν
ταρβήσειέ κεν ἔτι σε;
οἷον δὴ ὑπέτρεσας Μενέλαον,
ὃς τοπάρος περ
αἰχμητὴς μαλθακός·
νῦν δὲ οἴχεται
ἀείρας οἷος·
νεκρὸν ὑπὲκ Τρώων,
ἔκτανε δὲ σὸν ἑταῖρον πιστόν,

d'une telle audace
dans son cœur noir-tout-autour.
Or il marcha vers Patrocle,
et darda avec sa lance brillante.
Or parmi les Troyens
était Podès, fils d'Éétion,
et opulent et courageux ;
et Hector honorait lui le plus
de son peuple (entre ses concitoyens),
parce qu'il était pour lui
un compagnon convive chéri ;
le blond Ménélas donc
frappa au baudrier lui,
qui-s'était-élancé pour-la-fuite ;
et il fit-entrer l'airain
de-part-en-part ;
et Podès retentit étant tombé.
Mais Ménélas fils-d'Atrée
entraîna le mort
hors (loin) des Troyens
vers la foule de ses compagnons.

Or Apollon excitait Hector,
se tenant tout-près de lui,
semblable à Phénops fils-d'Asius,
lequel, habitant des demeures
à-Abydos,
était à lui le plus cher
de tous ses hôtes ;
s'étant assimilé à lui (à Phénops),
Apollon qui-lance-au-loin-les-traits
dit-à lui (à Hector) :

« Hector, quel autre des Achéens
redouterait encore toi ?
puisque tu as fui-devant Ménélas,
qui auparavant cependant
était un guerrier sans-force ;
et maintenant il se retire
ayant enlevé tout-seul
le mort aux Troyens,
et il a tué ton compagnon fidèle,

ἐσθλὸν ἐνὶ προμάχοισι, Ποδῆν, υἱὸν Ἠετίωνος. »　　　590

　　Ὡς φάτο· τὸν δ᾽ ἄχεος νεφέλη ἐκάλυψε μέλαινα·
βῆ δὲ διὰ προμάχων, κεκορυθμένος αἴθοπι χαλκῷ.
Καὶ τότ᾽ ἄρα Κρονίδης ἕλετ᾽ αἰγίδα θυσσανόεσσαν,
μαρμαρέην· Ἴδην δὲ κατὰ νεφέεσσι κάλυψεν,
ἀστράψας δὲ, μάλα μεγάλ᾽ ἔκτυπε, τὴν δ᾽ ἐτίναξε·　　595
νίκην δὲ Τρώεσσι δίδου, ἐφόβησε δ᾽ Ἀχαιούς.

　　Πρῶτος Πηνέλεως Βοιώτιος ἦρχε φόβοιο.
Βλῆτο γὰρ ὦμον δουρὶ, πρόσω τετραμμένος αἰεὶ,
ἄκρον ἐπιλίγδην· γράψεν δέ οἱ ὀστέον ἄχρις
αἰχμὴ Πουλυδάμαντος· ὁ γάρ ῥ᾽ ἔβαλε σχεδὸν ἐλθών.　　600
Λήϊτον αὖθ᾽ Ἕκτωρ σχεδὸν οὔτασε χεῖρ᾽ ἐπὶ καρπῷ,
υἱὸν Ἀλεκτρυόνος μεγαθύμου, παῦσε δὲ χάρμης·
τρέσσε δὲ παπτήνας, ἐπεὶ οὐκέτι ἔλπετο θυμῷ,
ἔγχος ἔχων ἐν χειρὶ, μαχήσεσθαι Τρώεσσιν.
Ἕκτορα δ᾽ Ἰδομενεὺς μετὰ Λήϊτον ὁρμηθέντα　　605

corps de ton compagnon fidèle, de Podès, fils d'Éétion, qu'il a immolé aux premiers rangs. »

Il dit; un sombre nuage de douleur enveloppe Hector. Le héros s'avance aux premiers rangs, couvert de l'airain étincelant. Alors le fils de Saturne saisit sa brillante égide aux franges d'or; il couvre de nuages les sommets de l'Ida, fait briller ses éclairs et gronder sa foudre, et secoue son égide; par ce signe, il donne la victoire aux Troyens et met les Grecs en déroute.

Pénélée le Béotien donne le premier l'exemple de la fuite. Il avait été légèrement blessé à l'extrémité de l'épaule, lui qui toujours faisait face à l'ennemi; la lance de Polydamas, qui le frappa de près, lui avait déchiré les chairs jusqu'à l'os. Hector aussi blesse au poignet Léite, fils du magnanime Alectryon, et le force de cesser le combat; Léite se retire effrayé, en portant ses regards autour de lui; car il n'espère plus pouvoir combattre les Troyens, une lance à la main. Mais au moment où Hector se précipitait sur Léite, Idoménée l'atteint à la cuirasse dans la poitrine, près du mamelon; la longue lance

ἐσθλὸν ἐνὶ προμάχοισι,
Ποδῆν, υἱὸν Ἠετίωνος. »
   Φάτο ὥς·
νεφέλη δὲ μέλαινα ἄχεος
ἐκάλυψε τόν·
βῆ δὲ
διὰ προμάχων,
κεκορυθμένος χαλκῷ αἴθοπι.
Καὶ τότε ἄρα Κρονίδης
ἕλετο αἰγίδα θυσσανόεσσαν,
μαρμαρέην·
κατακάλυψε δὲ νεφέεσσιν Ἴδην,
ἀστράψας δὲ,
ἔκτυπε μάλα μεγάλα,
ἐτίναξε δὲ τὴν·
δίδου δὲ νίκην Τρώεσσιν,
ἐφόβησε δὲ Ἀχαιούς.
   Βοιώτιος Πηνέλεως
ἦρχε πρῶτος φόβοιο.
Βλῆτο γὰρ ἐπιλίγδην
ἄκρον ὦμον
δουρί,
τετραμμένος αἰεὶ πρόσω·
αἰχμὴ δὲ Πουλυδάμαντος
γράψεν ἄχρις ὀστέον οἱ·
ὁ γάρ ῥα ἔβαλεν
ἐλθὼν σχεδόν.
Ἕκτωρ αὖτε οὔτασε
χεῖρά ἐπὶ καρπῷ
Λήϊτον,
υἱὸν μεγαθύμου Ἀλεκτρύονος·
παῦσε δὲ χάρμης·
τρέσσε δὲ
παπτήνας,
ἐπεὶ οὐκέτι ἔλπετο
θυμῷ,
ἔχων ἔγχος ἐν χειρί,
μαχήσεσθαι Τρώεσσιν.
Ἰδομενεὺς δὲ βεβλήκει θώρηκα
κατὰ στῆθος παρὰ μαζὸν

brave parmi les premiers-combat-
Podès, fils d'Éétion. »   [tants,
   Il dit ainsi ;
et un nuage sombre de douleur
voila (enveloppa) lui (Hector) ;
et il s'avança
à travers les premiers-combattants,
armé de l'airain brillant.
Et alors donc le fils-de-Saturne
saisit son égide garnie-de-franges,
resplendissante ;
et il couvrit de nuages l'Ida,
et ayant lancé-des-éclairs,
il tonna très-fortement,
et il agita celle-ci ;
or il donnait la victoire aux Troyens,
et il mit-en-suite les Achéens.
   Le Béotien Pénélée
commença le premier la fuite.
Car il fut frappé à-la-surface
à l'extrémité-de l'épaule
par une lance,
étant tourné toujours par devant ;
et la pointe-de-la-lance de Polydamas
déchira jusqu'à l'os à lui ;
car celui-ci le frappa
étant venu près.
Hector de-son-côté blessa
à la main près du poignet
Léïte,
fils du magnanime Alectryou,
et lui fit-cesser le combat ;
et Léïte s'enfuit-effrayé
regardant-de-tous-côtés,
puisqu'il n'espérait plus
dans son cœur,
ayant une lance dans la main,
devoir combattre les Troyens.
Mais Idoménée frappa à la cuirasse
sur la poitrine près du mamelon

βεβλήκει θώρηκα κατὰ στῆθος παρὰ μαζόν·
ἐν καυλῷ δ' ἐάγη δολιχὸν δόρυ· τοὶ δ' ἐβόησαν
Τρῶες. Ὁ δ' Ἰδομενῆος ἀκόντισε Δευκαλίδαο,
δίφρῳ ἐφεσταότος· τοῦ μέν ῥ' ἀπὸ τυτθὸν ἅμαρτεν·
αὐτὰρ ὁ Μηριόναο ὀπάονά θ' ἡνίοχόν τε,   610
Κοίρανον, ὅς ῥ' ἐκ Λύκτου ἐϋκτιμένης ἕπετ' αὐτῷ
(πεζὸς γὰρ ταπρῶτα λιπὼν νέας ἀμφιελίσσας
ἤλυθε, καί κε Τρωσὶ μέγα κράτος ἐγγυάλιξεν,
εἰ μὴ Κοίρανος ὦκα ποδώκεας ἤλασεν ἵππους·
καὶ τῷ μὲν φάος ἦλθεν, ἄμυνε δὲ νηλεὲς ἦμαρ·   615
αὐτὸς δ' ὤλεσε θυμὸν ὑφ' Ἕκτορος ἀνδροφόνοιο)·
τὸν βάλ' ὑπὸ γναθμοῖο καὶ οὔατος, ἐκ δ' ἄρ' ὀδόντας
ὦσε δόρυ πρυμνόν, διὰ δὲ γλῶσσαν τάμε μέσσην.
Ἤριπε δ' ἐξ ὀχέων, κατὰ δ' ἡνία χεῦεν ἔραζε.
Καὶ τάγε Μηριόνης ἔλαβεν χείρεσσι φίλῃσι   620
κύψας ἐκ πεδίοιο, καὶ Ἰδομενῆα προσηύδα·
    « Μάστιε νῦν, εἵως κε θοὰς ἐπὶ νῆας ἵκηαι·

se brise auprès du manche, et les Troyens poussent un cri. Hector
lance un javelot contre Idoménée, fils de Deucalion, qui se tenait de-
bout sur son char; le trait s'écarte de lui, et va frapper le serviteur
et l'écuyer de Mérion, Céranus, qui, pour suivre ce héros, avait quitté
la populeuse Lyctos. Idoménée vint à pied, lorsqu'il s'éloigna des navires qui se balancent sur les flots, et il aurait procuré une gloire
immense aux Troyens, si Céranus n'eût, à sa place, conduit les rapides coursiers; il sauva son ami, écarta de lui le jour fatal, mais
lui-même perdit le souffle de la vie sous les coups de l'homicide
Hector. Le javelot frappe Céranus sous la mâchoire, près de l'oreille;
la pointe lui brise les dents et lui coupe le milieu de la langue. Le
guerrier tombe du char et laisse échapper les rênes qui flottent à
terre. Mérion se penche, les relève, et s'adresse à Idoménée :
    « Fouette maintenant tes coursiers, jusqu'à ce que tu sois arrivé

Ἕκτορα ὁρμηθέντα μετὰ Λήϊτον·
δόρυ δὲ δολιχὸν ἐάγη
ἐν καυλῷ·
τοὶ δὲ Τρῶες ἐβόησαν.
Ὁ δὲ ἀκόντισεν
Ἰδομενῆος Δευκαλίδαο,
ἐφεσταότος δίφρῳ·
ἀφάμαρτέ ῥα τυτθὸν τοῦ μέν·
αὐτὰρ ὁ βάλεν
ὀπάονά τε
ἡνίοχόν τε Μηριόναο,
Κοίρανον, ὅς ῥα ἕπετο αὐτῷ
ἐκ Λύκτου ἐϋκτιμένης
(ἤλυθε γὰρ πεζὸς ταπρῶτα
λιπὼν νέας
ἀμφιελίσσας,
καὶ ἐγγυάλιξέ κε Τρωσὶ
κράτος μέγα,
εἰ Κοίρανος
μὴ ἤλασέ κεν ὦκα
ἵππους κολώκεας·
καὶ ἦλθε μὲν
φάος τῷ,
ἄμυνε δὲ ἦμαρ νηλεές·
αὐτὸς δὲ ὤλεσε θυμὸν
ὑπὸ ἀνδροφόνοιο Ἕκτορος)·
τὸν
ὑπὸ γναθμοῖο καὶ οὔατος,
πρυμνὸν δὲ δόρυ ἄρα
ὦσεν ὀδόντας,
δίκταμε δὲ γλῶσσαν μέσσην.
Ἤριπε δὲ ἐξ ὀχέων,
κατάχευε δὲ ἡνία ἔραζε.
Καὶ Μηριόνης κύψας
ἔλαβεν ἐκ πεδίοιο τάγε
φίλῃσι χείρεσσι,
καὶ προσηύδα Ἰδομενῆα·
« Μάστιε νῦν,
εἵως κεν ἵκηαι
ἐπὶ νῆας θοάς·

Hector qui-s'était-élancé sur Léite ;
et la lance longue se brisa
dans la tige (le manche) ;
et les Troyens crièrent.
Or celui-ci lança-un-trait
contre Idoménée fils-de-Deucalion,
qui-se-tenait-sur son char ;
il s'écarta un peu de lui à la vérité ;
mais il frappa
celui qui était et serviteur
et écuyer de Mérion,
Céranus, qui suivait lui
de Lyctos bien-habitée
(car Idoménée vint à-pied d'abord
ayant quitté les vaisseaux
agités-de-deux-côtés,
et il aurait procuré aux Troyens
une victoire grande,
si Céranus
n'eût pas conduit à-la-hâte
les chevaux rapides-des-pieds ;
et Céranus vint à la vérité
comme secours (salut) à lui,
et il écarta de lui le jour fatal ;
mais lui-même perdit le souffle-vital
par l'homicide Hector) ;
Hector le frappa
sous la mâchoire et l'oreille,
et le bout-de sa lance donc
lui brisa les dents,
et coupa la langue au-milieu.
Or il tomba du char,
et laissa-flotter les rênes à-terre.
Et Mérion s'étant penché
prit du sol celles-ci
avec ses mains,
et s'adressa-à Idoménée :
« Fouette maintenant les chevaux,
jusqu'à ce que tu sois arrivé
aux vaisseaux rapides ;

γιγνώσκεις δὲ καὶ αὐτὸς ὅτ' οὐκέτι κάρτος Ἀχαιῶν. »

Ὣς ἔφατ'· Ἰδομενεὺς δ' ἵμασεν καλλίτριχας ἵππους
νῆας ἔπι γλαφυράς· δὴ γὰρ δέος ἔμπεσε θυμῷ·   625

Οὐδ' ἔλαθ' Αἴαντα μεγαλήτορα καὶ Μενέλαον
Ζεὺς, ὅτε δὴ Τρώεσσι δίδου ἑτεραλκέα νίκην.

Τοῖσι δὲ μύθων ἦρχε μέγας Τελαμώνιος Αἴας·

ε Ὦ πόποι, ἤδη μέν κε καὶ ὃς μάλα νήπιός ἐστι
γνοίη ὅτι Τρώεσσι πατὴρ Ζεὺς αὐτὸς ἀρήγει.   630
Τῶν μὲν γὰρ πάντων βέλε' ἅπτεται, ὅστις ἀφείη,
ἢ κακὸς, ἢ ἀγαθός· Ζεὺς δ' ἔμπης πάντ' ἰθύνει·
ἡμῖν δ' αὔτως πᾶσιν ἐτώσια πίπτει ἔραζε.
Ἀλλ' ἄγετ', αὐτοί περ φραζώμεθα μῆτιν ἀρίστην,
ἠμὲν ὅπως τὸν νεκρὸν ἐρύσσομεν, ἠδὲ καὶ αὐτοὶ   635
χάρμα φίλοις ἑτάροισι γενώμεθα νοστήσαντες·

aux rapides vaisseaux; tu vois toi-même qu'il n'est plus de victoire pour les Achéens. »

Il dit; et Idoménée pousse vers les creux navires ses chevaux à la belle crinière; car déjà la crainte s'est emparée de son âme.

Le magnanime Ajax et Ménélas s'aperçoivent que Jupiter vient d'accorder aux Troyens une victoire décisive. Le noble Ajax, fils de Télamon, adresse le premier ces paroles à ses compagnons :

« Grands dieux! Le plus insensé des mortels reconnaîtrait que le souverain Jupiter seconde aujourd'hui les Troyens. Tous leurs traits portent, que ce soit la main d'un lâche ou celle d'un brave qui les lance. C'est Jupiter qui dirige leurs coups; nos javelots au contraire vont, inutiles, s'enfoncer dans la terre. Mais allons, prenons un sage parti; voyons comment nous pourrons entraîner le cadavre, et, par notre retour, combler de joie nos compagnons chéris; ils sont affligés sans

αὐτὸς δὲ καὶ γιγνώσκεις
ὅτι κάρτος
οὐκέτι Ἀχαιῶν. »

    Ἔρατο ὥς·
Ἰδομενεὺς δὲ ἵμασεν
ἵππους καλλίτριχας
ἐπὶ νῆας γλαφυράς·
δὴ γὰρ δέος
ἔμπεσε θυμῷ.

    Ζεὺς δὲ οὐκ ἔλαθε
μεγαλήτορα Αἴαντα
καὶ Μενέλαον,
ὅτε δὴ δίδου Τρώεσσι
νίκην ἑτεραλκέα.
Μέγας δὲ Αἴας Τελαμώνιος
ἦρχε τοῖσι μύθων·

    « Ὢ πόποι, ἤδη μὲν
καὶ ὅς ἐστι μάλα νήπιος
γνοίη κεν
ὅτι Ζεὺς πατὴρ
ἀρήγει αὐτὸς Τρώεσσι.
Βέλεα μὲν γὰρ τῶν πάντων
ἅπτεται,
ὅστις,
ἢ κακός, ἢ ἀγαθός,
ἀρείη·
Ζεὺς δὲ
ἰθύνει πάντα ἔμπης·
ἡμῖν δὲ πᾶσι
πίπτει αὔτως ἐτώσια ἔραζε.
Ἀλλὰ ἄγετε,
φραζώμεθα αὐτοί περ
ἀρίστην μῆτιν,
ἠμὲν ὅπως
ἐρύσσομεν τὸν νεκρόν,
ἠδὲ καὶ αὐτοὶ
νοστήσαντες
γενώμεθα χάρμα
ἑτάροισι φίλοις·
εἴ που ἀκηχέδαται

or toi-même aussi tu comprends
que la victoire   [les Achéens.) »
n'est plus des Achéens(possible pour
    Il dit ainsi ;
et Idoménée poussa-en-fouettant
ses chevaux à-la-belle-crinière
vers les vaisseaux creux ;
car déjà la crainte
était tombée-dans son cœur.

Et Jupiter ne fut point caché
au magnanime Ajax
et à Ménélas,
lorsqu'il donnait aux Troyens
une victoire décisive.
Or le grand Ajax fils de-Télamon
commença à eux ce discours :

« O grands-dieux ! déjà à la vérité
même celui-qui est tout-à-fait insensé
reconnaîtrait
que Jupiter père (auguste)
porte-secours lui-même aux Troyens.
Car les traits d'eux tous
atteignent le but,
quel-que-soit-celui-qui,
ou lâche, ou courageux,
les a lancés ;
or Jupiter
les dirige tous entièrement ;
mais les traits à nous tous
tombent ainsi inutiles à-terre.
Mais allez,
imaginons nous-mêmes du moins
le meilleur parti,
et comment
nous entraînerons le mort,
et même comment nous-mêmes
étant revenus
nous deviendrons un objet-de-joie
à nos amis chéris ;
lesquels sans-doute sont affligés

4.

οἵ που δεῦρ' ὁρόωντες ἀκηχέδατ', οὐδ' ἔτι φασὶν
Ἕκτορος ἀνδροφόνοιο μένος καὶ χεῖρας ἀάπτους
σχήσεσθ', ἀλλ' ἐν νηυσὶ μελαίνῃσιν πεσέεσθαι.
Εἴη δ' ὅστις ἑταῖρος ἀπαγγείλειε τάχιστα   640
Πηλείδῃ· ἐπεὶ οὔ μιν ὀΐομαι οὐδὲ πεπύσθαι
λυγρῆς ἀγγελίης, ὅτι οἱ φίλος ὤλεθ' ἑταῖρος.
Ἀλλ' οὔπῃ δύναμαι ἰδέειν τοιοῦτον Ἀχαιῶν·
ἠέρι γὰρ κατέχονται ὁμῶς αὐτοί τε καὶ ἵπποι.
Ζεῦ πάτερ, ἀλλὰ σὺ ῥῦσαι ὑπ' ἠέρος υἷας Ἀχαιῶν,   645
ποίησον δ' αἴθρην, δὸς δ' ὀφθαλμοῖσιν ἰδέσθαι·
ἐν δὲ φάει καὶ ὄλεσσον, ἐπεί νύ τοι εὔαδεν οὕτως. »

   Ὣς φάτο· τὸν δὲ πατὴρ ὀλοφύρατο δακρυχέοντα·
αὐτίκα δ' ἠέρα μὲν σκέδασεν, καὶ ἀπῶσεν ὁμίχλην·
ἠέλιος δ' ἐπέλαμψε, μάχη δ' ἐπὶ πᾶσα φαάνθη.   650
Καὶ τότ' ἄρ' Αἴας εἶπε βοὴν ἀγαθὸν Μενέλαον·

   « Σκέπτεο νῦν, Μενέλαε Διοτρεφές, αἴ κεν ἴδηαι
ζωὸν ἔτ' Ἀντίλοχον, μεγαθύμου Νέστορος υἱόν·

doute de ce triste spectacle, et pensent que nous ne résisterons plus
à la force et aux bras invincibles de l'homicide Hector, mais que nous
succomberons sur les noirs vaisseaux. Plût au ciel qu'un de nos guerriers se rendit en toute hâte auprès du fils de Pélée pour lui porter
cette triste nouvelle; car il ignore encore, je pense, la mort de son
compagnon chéri. Mais je ne puis découvrir un tel messager parmi les
Achéens; un nuage épais les enveloppe de toutes parts, eux et leurs
chevaux. Souverain Jupiter, arrache les fils des Grecs à l'obscurité
qui les couvre; ramène la sérénité dans le ciel; accorde à nos yeux
de revoir la lumière, et fais-nous périr du moins à la clarté du jour,
puisque telle est ta volonté. »

Il dit; et le dieu de l'Olympe est touché de ses larmes; aussitôt il
dissipe les ténèbres et chasse les nuages; le soleil rayonne et de ses
feux éclaire le champ de bataille tout entier. Alors Ajax dit au valeureux Ménélas :

   « Regarde maintenant, Ménélas, élève de Jupiter; vois si le fils du
magnanime Nestor, Antiloque, est encore vivant; et, si tu le découvres,

ὁρόωντες δεῦρο,   en regardant de-ce-côté,

φασὶ δὲ   et disent (pensent) *nous*

οὐκέτι σχήσεσθαι   ne devoir plus soutenir

μένος ἀνδροφόνοιο Ἔκτορος   la force de l'homicide Hector

καὶ χεῖρας ἀάπτους,   et *ses* mains invincibles,

ἀλλὰ πεσέεσθαι   mais devoir succomber

ἐν νηυσὶ μελαίνῃσιν.   sur les vaisseaux noirs.

Εἴη δὲ   Mais *plût au ciel* qu'il y eût

ἑταῖρος ὅστις ἀπαγγείλειε   un compagnon qui annonçât *cela*

τάχιστα Πηλείδῃ·   très-promptement au fils-de-Pélée ;

ἐπεὶ οὐκ ὀΐομαι οὐδέ   car je ne crois nullement

μιν πεπύσθαι λυγρῆς ἀγγελίης,   lui avoir appris la triste nouvelle,

ὅτι ἑταῖρος φίλος οἱ ὤλετο.   qu'un compagnon cher à lui a péri.

Ἀλλὰ οὔπῃ δύναμαι ἰδέειν   Mais je ne puis nullement voir

τοιοῦτον Ἀχαιῶν·   un tel *messager* parmi les Achéens ;

αὐτοὶ γάρ τε καὶ ἵπποι   car et eux-mêmes et *leurs* chevaux

κατέχονται ὁμῶς ἠέρι.   sont enveloppés à la fois par un nuage.

Ζεῦ πάτερ,   Jupiter père (auguste),

ἀλλὰ σὺ ῥῦσαι ὑπὸ ἠέρος   mais toi tire de l'obscurité

υἷας Ἀχαιῶν,   les fils des Achéens,

ποίησον δὲ αἴθρην,   et fais un ciel-pur,

δὸς δὲ   et donne (accorde)-*leur*

ἰδέσθαι ὀφθαλμοῖσιν·   de *le* voir de *leurs* yeux ;

ὄλεσσον δὲ καὶ   et fais-*les*-périr même (du moins)

ἐν φάει,   à la lumière,

ἐπεὶ νυ εὐαδέ τοι οὕτως. »   puisque donc il a plu à toi ainsi. »

     Φάτο ὥς·   Il dit ainsi ;

πατὴρ δὲ   et le père (l'auguste Jupiter)

ὀλοφύρατο τὸν δακρυχέοντα·   prit-en-pitié lui versant-des-pleurs ;

αὐτίκα δὲ   et aussitôt

σκέδασε μὲν ἠέρα,   il dissipa à la vérité le brouillard,

καὶ ἀπῶσεν ὀμίχλην·   et écarta le nuage ;

ἠέλιος δὲ ἐξέλαμψε,   et le soleil resplendit,

μάχη δὲ πᾶσα ἐπεφάνθη.   et le combat tout-entier fut éclairé.

Καὶ τότε ἄρα Αἴας   Et alors donc Ajax

εἶπε Μενέλαον ἀγαθὸν βοήν·   dit-à Ménélas brave à la guerre :

   « Σκέπτεο νῦν,   « Regarde maintenant,

Μενέλαε Διοτρεφές,   Ménélas nourrisson-de-Jupiter,

αἴ κεν ἴδῃαι ἔτι ζωὸν   si tu pourrais-voir encore vivant

Ἀντίλοχον,   Antiloque,

ὀτρυνὸν δ' Ἀχιλῆϊ δαΐφρονι θᾶσσον ἰόντα,

εἰπεῖν ὅττι ῥά οἱ πολὺ φίλτατος ὤλεθ' ἑταῖρος. »   655

    Ὣς ἔφατ'· οὐδ'. ἀπίθησε βοὴν ἀγαθὸς Μενέλαος·

βῆ δ' ἰέναι, ὥς τίς τε λέων ἀπὸ μεσσαύλοιο,

ὅστ' ἐπεὶ ἄρ κε κάμῃσι κύνας τ' ἄνδρας τ' ἐρεθίζων,   -

οἵτε μιν οὐκ εἰῶσι βοῶν ἐκ πῖαρ ἑλέσθαι,

πάννυχοι ἐγρήσσοντες· ὁ δὲ κρειῶν ἐρατίζων   660

ἰθύει, ἀλλ' οὔτι πρήσσει· θαμέες γὰρ ἄκοντες

ἀντίοι ἀΐσσουσι θρασειάων ἀπὸ χειρῶν,

καιόμεναί τε δεταί, τάστε τρεῖ ἐσσύμενός περ·

ἠῶθεν δ' ἀπονόσφιν ἔβη τετιηότι θυμῷ·

ὣς ἀπὸ Πατρόκλοιο βοὴν ἀγαθὸς Μενέλαος   665

ἤϊε πόλλ' ἀέκων· περὶ γὰρ δίε μή μιν Ἀχαιοὶ

ἀργαλέῳ πρὸ φόβοιο ἕλωρ δηΐοισι λίποιεν.

Πολλὰ δὲ Μηριόνῃ τε καὶ Αἰάντεσσ' ἐπέτελλεν·

    « Αἴαντ', Ἀργείων ἡγήτορε, Μηριόνη τε,

νῦν τις ἐνηείης Πατροκλῆος δειλοῖο·   670

engage-le à se rendre en toute hâte auprès du belliqueux Achille pour lui annoncer la mort de son compagnon chéri. »

Il dit ; et, docile à ses ordres, le valeureux Ménélas se précipite, comme un lion repoussé d'une étable après avoir vainement irrité les chiens et les bergers qui, éveillés toute la nuit, empêchent le monstre de se repaître de la graisse des bœufs ; avide de chairs, il s'élance, mais en vain ; de toutes parts fond sur lui une grêle de traits lancés par des mains audacieuses, et de toutes parts volent des torches enflammées, devant lesquelles il recule, malgré sa rage ; et, dès la pointe du jour, il se retire, la tristesse dans le cœur : tel le valeureux Ménélas s'éloigne de Patrocle, bien à regret ; car il tremble que, troublés par une crainte funeste, les Achéens n'abandonnent cette proie aux ennemis. Mais, avant de s'éloigner, il s'adresse en ces termes à Mérion et aux Ajax :

« Ajax, chefs des Argiens, et toi, Mérion, rappelez-vous maintenant la douceur de l'infortuné Patrocle : Tant qu'il respira, il fut pour nous

υἱὸν μεγαθύμου Νέστορος·
fils du magnanime Nestor ;

ὄτρυνον δὲ
et engage celui-ci

ἰόντα θᾶσσον
étant allé promptement

εἰπεῖν δαΐφρονι Ἀχιλῆι
à dire au belliqueux Achille

ὅττι ῥα ἑταῖρος πολὺ φίλτατός οἱ
que le compagnon de beaucoup le [plus cher à lui

ὤλετο. »
a péri. »

Ἔφατο ὥς·
Il dit ainsi ;

Μενέλαος δὲ ἀγαθὸς βοὴν
et Ménélas brave à la guerre

οὐκ ἀπίθησε·
ne désobéit pas ;

βῆ δὲ ἰέναι,
et il marcha pour aller,

ὥς τίς τε λέων ἀπὸ μεσσαύλοιο,
comme un lion repoussé d'une étable,

ὅτε ἐπεὶ ἄρ᾿ ε κάμῃσιν
lequel lorsque donc il s'est fatigué

ἐρεθίζων κύνας τε ἄνδρας τε,
en irritant et les chiens et les hommes,

οἵτε, ἐγρήσσοντες πάννυχοι,
qui, veillant pendant-toute-la-nuit,

οὐκ εἰῶσί μιν
ne permettent pas lui

ἐξελέσθαι πῖαρ βοῶν·
prendre la graisse des bœufs ;

ὁ δὲ ἐρατίζων κρειῶν,
or lui étant-avide de chairs,

ἰθύει,
se précipite-tout-droit,

ἀλλὰ οὔτι πρήσσει·
mais il ne réussit en rien ;

ἄκοντες γὰρ θαμέες
car des traits fréquents

ἀΐσσουσιν ἀντίοι
s'élancent contre lui

ἀπὸ χειρῶν θρασειάων,
partis de mains audacieuses,

δεταί τε καιόμεναι,
et des torches enflammées,

τάστε τρεῖ,
lesquelles il craint,

ἐσσύμενός περ·
quoique étant emporté ;

ἠῶθεν δὲ ἔβη ἀπονόσφιν
et dès-l'aurore il est parti loin

θυμῷ τετιηότι·
avec un cœur affligé ;

ὣς Μενέλαος ἀγαθὸς βοὴν
ainsi Ménélas brave à la guerre

ἤιεν ἀπὸ Πατρόκλοιο
s'en allait d'auprès de Patrocle

πολλὰ ἀέκων·
tout-à-fait malgré-lui ;

περίδιε γὰρ
car il craignait-beaucoup

μὴ φόβοιο ἀργαλέου
que par une crainte funeste

Ἀχαιοὶ προλίποιέν μιν
les Achéens n'abandonnassent lui

δυσμενέσσιν.
comme proie aux ennemis. [ses

Ἐπέτελλε δὲ πολλὰ
Or il recommandait beaucoup de cho-

Μηριόνῃ τε καὶ Αἰάντεσσιν·
et à Mérion et aux Ajax :

« Αἴαντε, ἡγήτορε Ἀργείων,
« Ajax, chefs des Argiens,

Μηριόνη τε,
et toi, Mérion,

τίς νῦν μνησάσθω
que chacun maintenant se souvienne

ἐνηείης δειλοῖο Πατροκλῆος·
de la bonté de l'infortuné Patrocle ;

μνησάσθω· πᾶσιν γὰρ ἐπίστατο μείλιχος εἶναι,
ζωὸς ἐών· νῦν αὖ θάνατος καὶ μοῖρα κιχάνει. »

Ὣς ἄρα φωνήσας, ἀπέβη ξανθὸς Μενέλαος,
πάντοσε παπταίνων, ὥστ' αἰετός, ὅν ῥά τέ φασιν
ὀξύτατον δέρκεσθαι ὑπουρανίων πετεηνῶν.   615

ὅντε, καὶ ὑψόθ' ἐόντα, πόδας ταχὺς οὐκ ἔλαθε πτώξ,
θάμνῳ ὑπ' ἀμφικόμῳ κατακείμενος· ἀλλά τ' ἐπ' αὐτῷ
ἔσσυτο, καί τέ μιν ὦκα λαβὼν ἐξείλετο θυμόν·
ὣς τότε σοὶ, Μενέλαε Διοτρεφὲς, ὅσσε φαεινὼ
πάντοσε δινείσθην, πολέων κατὰ ἔθνος ἑταίρων,   620

εἴ που Νέστορος υἱὸν ἔτι ζώοντα ἴδοιο.
Τὸν δὲ μάλ' αἶψ' ἐνόησε μάχης ἐπ' ἀριστερὰ πάσης,
θαρσύνονθ' ἑτάρους καὶ ἐποτρύνοντα μάχεσθαι.
Ἀγχοῦ δ' ἱστάμενος προσέφη ξανθὸς Μενέλαος·

« Ἀντίλοχ', εἶ δ', ἄγε δεῦρο, Διοτρεφὲς, ὄφρα πύθηαι   685
λυγρῆς ἀγγελίης, ἣ μὴ ὤφελλε γενέσθαι.
Ἤδη μέν σε καὶ αὐτὸν ὀίομαι εἰσορόωντα

plein de bienveillance ; mais aujourd'hui, il est au pouvoir de la mort
et de la sombre Parque. »

A ces mots, le blond Ménélas se retire, portant les regards de tous
côtés, comme l'aigle, qui, de tous les oiseaux de l'air, a, dit-on, la vue
la plus perçante, et qui, même du haut de l'espace, aperçoit un lièvre
agile, blotti dans un buisson épais, fond sur lui, le saisit aussitôt et
lui arrache la vie : ainsi, Ménélas, élève de Jupiter, tu tournes de
tous côtés tes yeux brillants sur la foule de tes nombreux compagnons
pour y découvrir si le fils de Nestor est encore vivant. Bientôt il
l'aperçoit, à la gauche du champ de bataille, rassurant ses soldats et
les excitant au combat. Le blond Ménélas s'approche d'Antiloque et
lui dit :

« Antiloque, élève de Jupiter, allons, viens ici ; viens apprendre la
triste nouvelle d'un malheur que les dieux auraient dû nous épargner.
Déjà toi-même, je le pense, tu as reconnu qu'un dieu fait peser sur

ἠπίστατο γὰρ
εἶναι μείλιχος πᾶσιν,
ἐὼν ζωός·
νῦν αὖ θάνατος καὶ μοῖρα
κιχάνει. »

Φωνήσας ἄρα ὡς,
ξανθὸς Μενέλαος ἀπέβη,
πάπταίνων πάντοσε,
ὥστε αἰετός,
ὃν ῥά τέ φασι
ἔρχεσθαι ὀξύτατον
πετεηνῶν ὑπουρανίων,
ὅντε, καὶ ἐόντα ὑψόθι,
οὐκ ἔλαθε
πτὼξ ταχὺς πόδας,
κατακείμενος ὑπὸ θάμνῳ
ἀμφικόμῳ·
ἀλλά τε ἔσσυτο ἐπὶ αὐτῷ,
καί τε λαβών μιν ὦκα
ἐξείλετο θυμόν·
ὣς τότε ὄσσε φαεινὼ σοί,
Μενέλαε Διοτρεφές,
ἐπιέσθην πάντοσε
κατὰ ἔθνος
ἑταίρων πολέων,
εἴ που
υἱὸν Νέστορος ζώοντα ἔτι.
Ἐνόησε δὲ μάλα αἶψα
ἐπὶ ἀριστερὰ μάχης πάσης·
τόν, θαρσύνοντα ἑτάρους
καὶ ἐποτρύνοντα μάχεσθαι.
Ἱστάμενος δὲ ἀγχοῦ
ξανθὸς Μενέλαος προσέφη·

« Εἰ δὲ, ἄγε, δεῦρο,
Ἀντίλοχε Διοτρεφές,
ὄφρα πύθηαι
λυγρῆς ἀγγελίης,
ἣ ὤφελλε μὴ γενέσθαι.
Ἤδη μὲν ὀίομαι
σε αὐτὸν καὶ εἰσορόωντα

car il savait
être doux pour tous,
étant (lorsqu'il était) vivant;
mais maintenant la mort et la destinée
l'atteignent (l'ont atteint). »
Ayant donc parlé ainsi,
le blond Ménélas se retira,
jetant-les-regards de-tous-côtés,
comme un aigle,
lequel certes on dit
avoir-la-vue la plus perçante
des oiseaux qui-volent-sous-le-ciel,
et auquel, même étant en-haut,
n'a pas échappé
un lièvre rapide des pieds,
étant couché sous un buisson
à-la-haute-chevelure;
mais il s'est élancé sur lui,
et ayant saisi lui promptement
lui a ôté la vie:
ainsi alors les yeux brillants à toi,
Ménélas nourrisson-de-Jupiter,
se tournaient de-tous-côtés
à travers la foule
de *tes* compagnons nombreux,
cherchant si tu verrais quelque-part
le fils de Nestor vivant encore.
Et il aperçut tout aussitôt
vers la gauche du combat tout-entier
lui, rassurant *ses* compagnons
et *les* excitant à combattre.
Or se tenant près *de lui*
le blond Ménélas *lui* dit:

« Si *tu veux*, allons, *viens* ici,
Antiloque nourrisson-de-Jupiter,
afin que tu apprennes
une triste nouvelle,
qui aurait dû ne pas arriver.
Déjà à la vérité je pense
toi-même aussi voyant *cela*

γιγνώσκειν ὅτι πῆμα θεὸς Δαναοῖσι κυλίνδει,
νίκη δὲ Τρώων· πέφαται δ' ὥριστος Ἀχαιῶν,
Πάτροκλος, μεγάλη δὲ ποθὴ Δαναοῖσι τέτυκται.
Ἀλλὰ σύγ' αἶψ' Ἀχιλῆϊ, θέων ἐπὶ νῆας Ἀχαιῶν,
εἰπεῖν αἴ κε τάχιστα νέκυν ἐπὶ νῆα σαώσῃ
γυμνόν· ἀτὰρ τάγε τεύχε' ἔχει κορυθαίολος Ἕκτωρ. »

    Ὣς ἔρατ'· Ἀντίλοχος δὲ κατέστυγε, μῦθον ἀκούσας.
Δὴν δέ μιν ἀμφασίη ἐπέων λάβε· τὼ δέ οἱ ὄσσε
δακρυόφι πλῆσθεν, θαλερὴ δέ οἱ ἔσχετο φωνή.
Ἀλλ' οὐδ' ὣς Μενελάου ἐφημοσύνης ἀμέλησε·
βῆ δὲ θέειν, τὰ δὲ τεύχε' ἀμύμονι δῶκεν ἑταίρῳ,
Λαοδόκῳ, ὅς οἱ σχεδὸν ἔστρεφε μώνυχας ἵππους.
Τὸν μὲν δακρυχέοντα πόδες φέρον ἐκ πολέμοιο,
Πηλείδῃ Ἀχιλῆϊ κακὸν ἔπος ἀγγελέοντα.

    Οὐδ' ἄρα σοὶ, Μενέλαε Διοτρεφὲς, ἤθελε θυμὸς

les Grecs des maux affreux, et donne la victoire aux Troyens. Le
plus brave des Achéens, Patrocle, n'est plus, et sa mort est pour les
Grecs un sujet de deuil et de regret. Toi du moins, vole auprès des
vaisseaux des Grecs, dis à Achille qu'il se hâte de sauver son cadavre
dépouillé; car ses armes sont devenues la proie d'Hector au casque
étincelant. »

    Il dit; et Antiloque frémit en entendant ce discours. Il reste long-
temps muet de stupeur; ses yeux se remplissent de larmes, et sa
voix retentissante s'arrête entrecoupée. Cependant il ne néglige
point les ordres de Ménélas; il s'éloigne après avoir remis ses armes
à son irréprochable compagnon, à Laodocus, qui, près de lui, dirigeait les vigoureux coursiers. Emporté dans sa course loin du combat,
il va, versant des larmes, porter le triste message à Achille, fils de
Pélée.

    Toutefois, ô Ménélas, fils de Jupiter, tu ne veux point secourir les

γιγνώσκειν ὅτι θεὸς — reconnaître qu'un dieu
κυλίνδει πῆμα Δαναοῖσι, — roule le malheur sur les Grecs,
νίκη δὲ — et que la victoire
Τρώων· — est des (aux) Troyens ;
ἄριστος δὲ Ἀχαιῶν, — or le meilleur des Achéens,
Πάτροκλος, πέφαται, — Patrocle, a été tué,
μεγάλη δὲ ποθὴ — et un grand regret
τέτυκται Δαναοῖσιν. — est causé aux Grecs.
Ἀλλὰ σύγε, θέων — Mais toi-du-moins, courant
ἐπὶ νῆας Ἀχαιῶν, — vers les vaisseaux des Achéens,
εἰπεῖν αἶψα Ἀχιλῆϊ — va dire vite à Achille
αἴ κε σαώσῃ τάχιστα — s'il pourra-sauver très-promptement
ἐπὶ νῆα — en le portant sur un vaisseau
νέκυν γυμνόν· — le cadavre nu (dépouillé) ;
ἀτὰρ Ἕκτωρ κορυθαίολος — car Hector au-casque-varié
ἔχει τάγε τεύχεα. » — a les armes de *Patrocle*. »
  Ἔρατο ὥς· — Il dit ainsi ;
Ἀντίλοχος δὲ κατέστυγεν, — et Antiloque frémit,
ἀκούσας μῦθον. — ayant entendu ce discours.
Ἀμφασίη δὲ ἐπέων — Or l'absence de paroles (le mutisme)
λάβε μιν δήν· — prit (tint) lui pendant-longtemps ;
τὼ δὲ ὄσσε οἱ — et les yeux à lui
πλῆσθεν δακρυόφι, — furent remplis de larmes,
φωνὴ δὲ θαλερή οἱ ἔσχετο. — et la voix forte à lui s'arrêta.
Ἀλλὰ οὐδὲ ὥς — Mais pas même ainsi (malgré cela)
ἀμέλησεν — il ne négligea
ἐφημοσύνης Μενελάου· — l'ordre de Ménélas ;
βῆ δὲ θέειν, — et il alla *pour* courir,
δῶκε δὲ τὰ τεύχεα — mais il donna *ses* armes
ἑταίρῳ ἀμύμονι, — à *son* compagnon irréprochable,
Λαοδόκῳ, ὃς σχεδόν οἱ — à Laodocus, qui près de lui
ἔστρεφεν ἵππους μώνυχας. — dirigeait *ses* chevaux au-dur-sabot.
Πόδες μὲν — Les pieds à la vérité
φέρον ἐκ πολέμοιο — emportaient hors du combat
τὸν δακρυχέοντα, — celui-ci versant-des-pleurs,
ἀγγελέοντα — devant annoncer
ἔπος κακὸν — une parole (nouvelle) fâcheuse
Ἀχιλῆϊ Πηλείδῃ. — à Achille fils-de-Pélée.
  Θυμὸς δὲ σοὶ ἄρα, — Et le cœur à toi cependant,
Μενέλαε Διοτρεφές, — Ménélas nourrisson-de-Jupiter,

τειρομένοις ἑτάροισιν ἀμυνέμεν, ἔνθεν ἀπῆλθεν
Ἀντίλοχος, μεγάλη δὲ ποθὴ Πυλίοισιν ἐτύχθη·
ἀλλ' ὅγε τοῖσιν μὲν Θρασυμήδεα δῖον ἀνῆκεν,   35
αὐτὸς δ' αὖτ' ἐπὶ Πατρόκλῳ ἥρωϊ βεβήκει·
στῆ δὲ παρ' Αἰάντεσσι θέων, εἶθαρ δὲ προσηύδα·

« Κεῖνον μὲν δὴ νηυσὶν ἐπιπροέηκα θοῇσιν,
ἐλθεῖν εἰς Ἀχιλῆα πόδας ταχύν· οὐδέ μιν οἴω
νῦν ἰέναι, μάλα περ κεχολωμένον Ἕκτορι δίῳ·   70
οὐ γάρ πως ἂν γυμνὸς ἐὼν Τρώεσσι μάχοιτο.
Ἡμεῖς δ' αὐτοί περ φραζώμεθα μῆτιν ἀρίστην,
ἠμὲν ὅπως τὸν νεκρὸν ἐρύσσομεν, ἠδὲ καὶ αὐτοὶ
Τρώων ἐξ ἐνοπῆς θάνατον καὶ Κῆρα φύγωμεν. »

Τὸν δ' ἠμείβετ' ἔπειτα μέγας Τελαμώνιος Αἴας·   75

« Πάντα κατ' αἶσαν ἔειπες, ἀγακλεὲς ὦ Μενέλαε·
ἀλλὰ σὺ μὲν καὶ Μηριόνης ὑποδύντε μάλ' ὦκα,
νεκρὸν ἀείραντες φέρετ' ἐκ πόνου. Αὐτὰρ ὄπισθε

guerriers de Pylos qui, dans leur détresse, regrettent vivement Antiloque. Mais le fils d'Atrée place à leur tête le divin Thrasymède et
retourne lui-même auprès de Patrocle. Arrivé près des Ajax, il s'arrête
et leur dit aussitôt :

« Je viens d'envoyer Antiloque vers les vaisseaux légers auprès du
rapide Achille; mais je ne pense pas que, malgré son violent courroux
contre le divin Hector, le fils de Pélée vienne maintenant; car il ne
saurait, sans armes, combattre les Troyens. Nous du moins, prenons
un sage parti; voyons comment nous pourrons entraîner le cadavre,
et, du milieu de ce tumulte, échapper nous-mêmes à la mort et à la
sombre Parque. »

Le noble Ajax, fils de Télamon, lui répond en ces termes :

« C'est la raison même, glorieux Ménélas, qui te dicte ce langage.
Toi donc et Mérion, glissez-vous adroitement, et, soulevant le cadavre,
hâtez-vous de l'emporter loin du combat. Derrière vous, nous résiste-

οὐκ ἤθελεν ἀμυνέμεν
ἑτάροισι τειρομένοις,
ἔνθεν Ἀντίλοχος ἀπῆλθε,
μεγάλη δὲ ποθὴ ἐτύχθη
Πυλίοισιν·
ἀλλὰ ὅγε ἀνῆκε τοῖσι μὲν
ἄον Θρασυμήδεα,
αὐτὸς δὲ βεβήκει αὖτε
ἐπὶ ἥρωϊ Πατρόκλῳ·
θέων δὲ
στῆ παρὰ Αἴαντεσσι,
προσηύδα δὲ εἶθαρ·

« Ἐπιπροέηκα δὴ μὲν
κεῖνον νηυσὶ θοῆσιν,
ἐλθεῖν εἰς Ἀχιλῆα
ταχὺν πόδας·
οὐδὲ οἴω μιν
ἰέναι νῦν,
κεχολωμένον περ μάλα
ἷφ' Ἕκτορι·
ἐὼν γὰρ γυμνὸς
πῶς ἂν μάχοιτο Τρώεσσιν.
Ἡμεῖς δὲ αὐτοί περ
φραζώμεθα ἀρίστην μῆτιν,
ἠμὲν ὅπως
ἐρύσσομεν τὸν νεκρὸν,
ἠδὲ καὶ αὐτοὶ
φύγωμεν
ἐξ ἐνοπῆς Τρώων
θάνατον καὶ Κῆρα. »
Μέγας δὲ Αἴας Τελαμώνιος
ἠμείβετο ἔπειτα τόν·

« Εἴπες πάντα
κατὰ αἶσαν,
ὦ Μενέλαε ἀγακλεές·
ἀλλὰ σὺ μὲν καὶ Μηριόνης
ὑποδύντε μάλα ὦκα,
ἀείραντες νεκρὸν
φέρετε ἐκ πόνου.
Αὐτὰρ νῶϊ

n'a point voulu porter-secours
à des compagnons épuisés,
d l'endroit d'où Antiloque était parti,
et un grand regret a été causé
aux habitants-de-Pylos;
mais celui-ci fit-sortir pour eux
le divin Thrasymède,
et lui-même alla de nouveau
auprès du héros Patrocle;
or venant-en-courant
il s'arrêta près des Ajax,
et s'adressa-à eux aussitôt:

« J'ai envoyé déjà à la vérité
celui-ci vers les vaisseaux rapides,
pour aller auprès d'Achille
rapide quant aux pieds;
et je ne pense pas lui (Achille)
venir maintenant,
quoique étant irrité fortement
contre le divin Hector;
car étant nu (sans armes) [Troyens.
il ne combattrait nullement les
Mais nous-mêmes du moins
imaginons le meilleur parti,
et comment
nous entraînerons le mort,
et même comment nous-mêmes
nous échapperons
du tumulte des Troyens
à la mort et à la Destinée. »
Or le grand Ajax fils de-Télamon
répondit ensuite à lui;

« Tu as dit tout
selon la convenance,
ô Ménélas très-glorieux;
mais toi à la vérité et Mérion
ayant glissé-en-dessous très-vite,
ayant soulevé le mort
emportez-le hors du combat.
Mais nous

νῶϊ μαχησόμεθα Τρωσίν τε καὶ Ἕκτορι δίῳ,
ἴσον θυμὸν ἔχοντες, ὁμώνυμοι, οἳ τοπάρος περ   12
μίμνομεν ὀξὺν Ἄρηα παρ' ἀλλήλοισι μένοντες. »

    Ὣς ἔφαθ'· οἱ δ' ἄρα νεκρὸν ἀπὸ χθονὸς ἀγκάζοντο
ὕψι μάλα μεγάλως· ἐπὶ δ' ἴαχε λαὸς ὄπισθε
Τρωϊκὸς, ὡς εἴδοντο νέκυν αἴροντας Ἀχαιούς.
Ἴθυσαν δὲ κύνεσσιν ἐοικότες, οἵτ' ἐπὶ κάπρῳ   15
βλημένῳ ἀΐξωσι πρὸ κούρων θηρητήρων·
ἕως μὲν γάρ τε θέουσι, διαρραῖσαι μεμαῶτες·
ἀλλ' ὅτε δή ῥ' ἐν τοῖσιν ἐλίξεται, ἀλκὶ πεποιθὼς,
ἄψ τ' ἀνεχώρησαν, διά τ' ἔτρεσαν ἄλλυδις ἄλλος·
ὣς Τρῶες εἵως μὲν ὁμιλαδὸν αἰὲν ἕποντο,   19
νύσσοντες ξίφεσίν τε καὶ ἔγχεσιν ἀμφιγύοισιν·
ἀλλ' ὅτε δή ῥ' Αἴαντε μεταστρεφθέντε κατ' αὐτοὺς
σταίησαν, τῶν δὲ τράπετο χρὼς, οὐδέ τις ἔτλη,
πρόσσω ἀΐξας, περὶ νεκροῦ δηριάασθαι.

rons aux Troyens et au divin Hector; nous sommes animés du même
courage, nous portons le même nom; et déjà nous avons jusqu'ici,
nous prêtant un mutuel secours, soutenu de rudes attaques. »

Il dit; Ménélas et Mérion saisissent le cadavre et le soulèvent de
terre. Derrière eux, les Troyens poussent un cri, dès qu'ils voient les
Grecs enlever les restes de Patrocle. Ils se précipitent, semblables à
des chiens qui s'élancent en avant des jeunes chasseurs sur les traces
d'un sanglier blessé; ils courent à sa poursuite, impatients de le dé-
chirer; mais lorsque l'animal, plein de confiance dans sa force, se retourne contre eux, ils reculent, et, saisis d'effroi, se dispersent de
toutes parts : ainsi les Troyens en foule poursuivaient les Grecs sans
relâche, les frappant de leurs glaives et de leurs lances à double tranchant; mais lorsque les Ajax se retournent et s'arrêtent, les Troyens
changent de couleur, aucun d'eux n'ose avancer pour leur disputer le
cadavre de Patrocle.

μαχησόμεθα ὄπισθε	nous combattrons par-derrière
Τρωσί τε καὶ δίῳ Ἕκτορι,	et les Troyens et le divin Hector,
ἔχοντες ἴσον θυμὸν,	ayant un même cœur,
ὁμώνυμοι,	ayant-le-même-nom,
εἰ τοπάρος περ	nous qui auparavant
μένοντες παρὰ ἀλλήλοισι	restant l'un près de l'autre
μίμνομεν ὀξὺν Ἄρηα. »	soutenions un vif combat. »
Ἔρατο ὡς· οἱ δὲ ἄρα	Il dit ainsi; et ceux-ci donc
ἐγκάζοντο ἀπὸ χθονὸς νεκρὸν	enlevaient de terre le mort
ὕψι μάλα μεγάλως·	en haut très-grandement;
λαὸς δὲ Τρωϊκὸς	or le peuple des-Troyens
ἐπίαχεν ὄπισθεν,	poussa-un-cri par-derrière,
ὡς εἴδοντο Ἀχαιοὺς	dès qu'ils virent les Achéens
αἴροντας νέκυν.	enlevant le cadavre.
Ἴθυσαν δὲ	Et ils se précipitèrent-tout-droit
ἐοικότες κύνεσσιν,	ressemblant à des chiens,
οἵτε ἀΐξωσιν	qui s'élancent
ἐπὶ κάπρῳ βλημένῳ	sur un sanglier frappé (blessé)
πρὸ κούρων θηρητήρων·	en avant des jeunes chasseurs;
θέουσι γὰρ μέν τε	car ils courent à la vérité
ἕως,	pendant-quelque-temps,
μεμαῶτες διαρραῖσαι·	désirant-vivement le déchirer;
ἀλλὰ ὅτε δή ῥα,	mais lorsque donc le sanglier,
πεποιθὼς ἀλκὶ,	étant-confiant dans sa force,
ἑλίξεται ἐν τοῖσιν,	se retourne contre eux,
ἀνεχώρησάν τε ἄψ,	et ils se retirent en arrière,
διέτρεσάν τε	et ils fuient-effrayés [côté:
ἄλλος ἄλλυδις·	l'un d'un côté, l'autre d'un-autre-
ὡς Τρῶες μὲν	ainsi les Troyens à la vérité
ἕποντο αἰὲν ὁμιλαδὸν	suivaient toujours en-foule
ἕως,	pendant-quelque-temps,
νύσσοντες ξίφεσί τε	frappant et avec leurs épées
καὶ ἔγχεσιν	et avec leurs lances
ἀμφιγύοισιν·	qui-blessent-des-deux-côtés;
ἀλλὰ ὅτε δή ῥα Αἴαντε	mais lorsque donc les Ajax
μεταστρεφθέντε κατὰ αὐτοὺς	s'étant retournés contre eux
σταίησαν;	se furent arrêtés,
χρὼς δὲ τῶν τράπετο,	alors la couleur d'eux changea,
οὔτις δὲ ἔτλη, ἀΐξας πρόσσω,	et aucun n'osa, s'étant élancé en avant,
ὀτριάασθαι περὶ νεκροῦ.	combattre au sujet du mort.

Ὥς οἵγε μεμαῶτε νέκυν φέρον ἐκ πολέμοιο
νῆας ἔπι γλαφυράς· ἐνὶ δὲ πτόλεμος τέτατό σφιν
ἄγριος, ἠΰτε πῦρ, τό τ' ἐπεσσύμενον πόλιν ἀνδρῶν
ὄρμενον ἐξαίφνης φλεγέθει, μινύθουσι δὲ οἶκοι
ἐν σέλαϊ μεγάλῳ· τὸ δ' ἐπιβρέμει ἲς ἀνέμοιο·
ὡς μὲν τοῖς ἵππων τε καὶ ἀνδρῶν αἰχμητάων
ἀζηχὴς ὀρυμαγδὸς ἐπήϊεν ἐρχομένοισιν.
Οἱ δ', ὥσθ' ἡμίονοι, κρατερὸν μένος ἀμφιβαλόντες,
ἕλκωσ' ἐξ ὄρεος κατὰ παιπαλόεσσαν ἀταρπὸν
ἢ δοκὸν, ἠὲ δόρυ μέγα νήϊον· ἐν δέ τε θυμὸς
τείρεθ' ὁμοῦ καμάτῳ τε καὶ ἱδρῷ σπευδόντεσσιν·
ὣς οἵγε μεμαῶτε νέκυν φέρον. Αὐτὰρ ὄπισθεν
Αἴαντ' ἰσχανέτην, ὥστε πρὼν ἰσχάνει ὕδωρ
ὑλήεις, πεδίοιο διαπρύσιον τετυχηκώς·
ὅστε καὶ ἰφθίμων ποταμῶν ἀλεγεινὰ ῥέεθρα
ἴσχει, ἄφαρ δέ τε πᾶσι ῥόον πεδίονδε τίθησι,
πλάζων· οὐδέ τί μιν σθένεϊ ῥηγνῦσι ῥέοντες·

735

740

745

750

Les deux héros se hâtent de l'emporter loin du champ de bataille
vers les creux navires; alors s'étend partout un combat terrible,
semblable au feu qui, soudain allumé, embrase une cité populeuse;
les maisons s'écroulent dans ce vaste incendie qu'attise encore la
violence des vents : ainsi, sur les pas de Ménélas et de Mérion qui se
retirent, s'élève un affreux tumulte de chevaux et de guerriers. De
même que des mules, faisant de vigoureux efforts, traînent du haut
d'une montagne, à travers un chemin escarpé, une poutre ou une
pièce de bois destinée à la construction d'un navire; dans leur marche
empressée, elles sont accablées par la fatigue et par la sueur : de
même les deux héros se hâtent d'emporter le corps de Patrocle.
Derrière eux cependant, les deux Ajax arrêtent les ennemis, comme
un tertre boisé, s'étendant au loin dans la plaine, retient les eaux,
s'oppose aux rapides courants de fleuves impétueux, et dirige leur
cours errant à travers la plaine; leur choc violent ne peut rompre

Ὡς οἵγε μεμαῶτε	Ainsi ceux-ci pleins-d'ardeur
φέρον ἐκ πολέμοιο νέκυν	emportaient du combat le mort
ἐπὶ νῆας γλαφυράς·	vers les vaisseaux creux ;
σφὶν δὲ ἐνιτέτατο	mais pour eux s'étendit (s'éleva)
πόλεμος ἄγριος, ἠΰτε πῦρ,	un combat violent, comme le feu,
τό τε ἐπεσσύμενον	qui étant lancé
πόλιν ἀνδρῶν	sur une ville d'hommes
φλεγέθει ὄρμενον ἐξαίφνης,	la brûle s'étant levé soudain,
οἶκοι δὲ μινύθουσιν	et les maisons périssent
ἐν μεγάλῳ σέλαϊ·	au milieu d'une grande flamme ;
ἲς δὲ ἀνέμοιο	et la violence du vent
ἐπιβρέμει τό·	frémit-dans (fait frémir) celle-ci :
ὣς μὲν ὀρυμαγδὸς ἄζηχὴς	ainsi à la vérité un tumulte affreux
ἵππων τε καὶ ἀνδρῶν αἰχμητάων	et de chevaux et d'hommes guerriers
ἐπίετο τοῖς ἐρχομένοισιν.	poursuivait ceux-ci s'en allant.
Οἱ δὲ, ὥστε ἡμίονοι,	Et ceux-ci, comme des mules,
ἀμφιβαλόντες	s'étant revêtus de (ayant employé)
μένος κρατερὸν,	une force puissante,
ἕλκωσιν ἐξ ὄρεος	traînent d'une montagne
κατὰ ἀταρπὸν παιπαλόεσσαν	à travers un chemin escarpé
ἢ δοκὸν,	ou une poutre, [seau ;
ἒ μέγα δόρυ νήϊον·	ou une grande pièce-de-bois de-vais-
ἐν δέ τε θυμὸς	et en-dedans le cœur
σπευδόντεσσι	à elles s'empressant
τείρεται ὁμοῦ	est accablé à la fois
καμάτῳ τε καὶ ἱδρῷ·	et par la fatigue et par la sueur :
ὣς οἵγε μεμαῶτε	ainsi ceux-ci pleins-d'ardeur
φέρον νέκυν.	emportaient le cadavre.
Αὐτὰρ ὄπισθεν Αἴαντε	Mais par derrière les deux-Ajax
ἰσχανέτην,	arrêtaient les Troyens,
ὥστε πρὼν ὑλήεις	comme un tertre boisé
ἰσχάνει ὕδωρ,	arrête l'eau,
τετυχηκὼς πεδίοιο διαπρύσιον·	occupant la plaine au-loin ;
ὅστε ἴσχει	lequel tertre contient
καὶ ῥέεθρα ἀλεγεινὰ	et les courants funestes
ποταμῶν ἰφθίμων,	des fleuves impétueux,
ἄφαρ δέ τι, πλάζων,	et aussitôt, les faisant-errer,
τίθησι πᾶσι ῥόον πεδίονδε·	donne à tous un cours dans-la-plaine ;
ῥέοντες δὲ	et les courants
οὔτι ῥηγνῦσί μιν σθένει·	ne brisent nullement lui par la force :

ὡς αἰεὶ Αἴαντε μάχην ἀνέεργον ὀπίσσω
Τρώων· οἱ δ' ἄμ' ἔποντο, δύω δ' ἐν τοῖσι μάλιστα,
Αἰνείας τ' Ἀγχισιάδης καὶ φαίδιμος Ἕκτωρ.
Τῶν δ', ὥστε ψαρῶν νέφος ἔρχεται ἠὲ κολοιῶν,   733
οὖλον κεκλήγοντες, ὅτε προΐδωσιν ἰόντα
κίρκον, ὅ τε σμικρῇσι φόνον φέρει ὀρνίθεσσιν·
ὣς ἄρ' ὑπ' Αἰνείᾳ τε καὶ Ἕκτορι κοῦροι Ἀχαιῶν
οὖλον κεκλήγοντες ἴσαν, λήθοντο δὲ χάρμης.
Πολλὰ δὲ τεύχεα καλὰ πέσον περί τ' ἀμφί τε τάφρον,   740
φευγόντων Δαναῶν· πολέμου δ' οὐ γίγνετ' ἐρωή.

l'obstacle : de même les deux Ajax répriment la fureur des Troyens;
ceux-ci cependant s'acharnent à leur poursuite; les plus ardents sont
Énée, fils d'Anchise, et le brillant Hector. De même qu'une nuée
d'étourneaux et de geais s'enfuit en poussant des cris aigus à la vue
du faucon qui donne la mort aux petits oiseaux : de même, sous les
coups d'Hector et d'Énée, les fils des Achéens s'éloignent en jetant
des cris affreux, et ne songent plus à combattre. Les Grecs, dans
leur fuite, laissent échapper leurs belles armes, qui tombent en grand
nombre dans le fossé et sur les bords du fossé ; et le combat n'a point
de relâche.

ὡς Αἴαντε ὄπισσω	ainsi les Ajax par derrière
ἀνέεργον μάχην Τρώων·	réprimaient le combat des Troyens;
οἱ δὲ	ceux-ci cependant
ἵκοντο ἅμα,	poursuivaient en-même-temps,
δύω δὲ μάλιστα ἐν τοῖσιν,	et deux surtout parmi eux,
Αἰνείας τε Ἀγχισιάδης	et Énée fils-d'Anchise
καὶ φαίδιμος Ἕκτωρ.	et le brillant Hector.
Ὥστε δὲ ἔρχεται	Or de même que s'enfuit
νέφος ψαρῶν ἠὲ κολοιῶν,	une nuée d'étourneaux ou de geais,
κεκλήγοντες οὖλον,	en poussant-un-cri terrible,
ὅτε προΐδωσι	lorsqu'ils aperçoivent
κίρκον ἰόντα,	un faucon qui-vient,
ὅ τε φέρει φόνον	lequel porte la mort
ὀρνίθεσσι σμικρῇσιν·	aux oiseaux petits :
ὡς ἄρα κοῦροι τῶν Ἀχαιῶν	de même donc les fils des Achéens
ἴσαν	s'en allaient
ὑπὸ Αἰνείᾳ τε καὶ Ἕκτορι	sous les coups et d'Énée et d'Hector
κεκλήγοντες οὖλον,	en poussant-un-cri terrible,
λήθοντο δὲ χάρμης.	et ils oublièrent le combat.
Τεύχεα δὲ καλὰ	Et les armes belles
Δαναῶν φευγόντων	des Grecs fuyant
πέσον πολλὰ	tombèrent nombreuses
περί τε τάφρον ἀμφί τε	et dans le fossé et autour :
οὐ δὲ γίγνετο	et il n'y avait point
ἐρωὴ πολέμου.	cessation de combat.

NOTES

SUR LE DIX-SEPTIÈME CHANT DE L'ILIADE.

—

Page 6 : 1. .... ῥεχθὲν δέ τε νήπιος ἔγνω.

Mais l'insensé ne s'instruit que par les événements.
Hésiode reproduit la même idée avec la même concision :

.... παθὼν δέ τε νήπιος ἔγνω.

L'insensé ne s'instruit que par son malheur.
Tite-Live met aussi le même langage dans la bouche de Fabius :
Stultorum magister est eventus.

Page 8 : 1. .... κατὰ στομάχοιο θέμεθλα.

...... *au fond de la gorge.*
Il est important de remarquer ici que le mot στόμαχος signifie
l'ouverture, l'orifice, le gosier, et non pas *l'estomac.* Virgile a em-
ployé *stomachus* dans le même sens :

................., Volat Itala cornus
Aera per tenerum, stomachoque infixa sub altum
Pectus abit........
(VIRG., *Énéide*, IX, 697.)

Dryope succombe de même sous les coups de Clausus :

Hic Curibus, fidens primævo corpore, Clausus
Advenit, et rigidâ Dryopen ferit eminus bastâ
Sub mentum, graviter pressâ, pariterque loquentis
Vocem animamque rapit, trajecto gutture; at ille
Fronte ferit terram, et crassum vomit ore cruorem.
(VIRG., *Énéide*, X, 345.)

Page 8 : 2. Οἶον δὲ τρέφει ἔρνος........

On peut rapprocher de cette peinture si poétique et si gracieuse
de l'olivier que déracine le souffle des autans, cette charmante com-
paraison de l'hyacinthe :

Qualem virgineo demessum pollice florem,
Seu mollis violæ, seu languentis hyacinthi,
Cui neque fulgor adhuc, necdum sua forma recessit;
Non jam mater alit tellus, viresque ministrat.
(VIRG., *Énéide*, XI, 68.)

Page 20 : 1. Πᾶν δέ τ' ἐπισκύνιον κάτω ἕλκεται, ὅσσε καλύπτων·

Elle (la lionne) fronce ses sourcils et voile ses yeux.
Pline a dit : *Oculorum aciem traditur defigere in terram, ne*
venabula expavescat. (Histoire Naturelle, VIII, 16.)

Page 24 : 1. Οὔτοι ἐγὼν ἔῤῥιγα μάχην, οὐδὲ κτύπον ἵππων·

Je n'ai jamais redouté ni les batailles ni le bruit des cour-siers.

La réponse de Turnus à Énée n'est pas moins noble :

.... Non me tua fervida terrent
Dicta, ferox; Di me terrent et Jupiter hostis.
(Virg., *Énéide*, XII, 892.)

Page 30 : 1. Ἰνδάλλετο, imparf. de Ἰνδάλλομαι, qui signifie *appa-roître, se montrer sous une forme sensible*, et non *ressembler.*

Page 32 : 1. ...... ἐπεὶ πολέμοιο νέφος περὶ πάντα καλύπτει,
Ἕκτωρ,......

Un nuage de guerre nous environne de toutes parts, c'est Hector.

Cette image paraît forcée et hardie; aussi peut-on soupçonner ce vers d'interpolation.

Page 40 : 1. Αὐλόν, *le trou de la lance*, c'est-à-dire *la partie creuse du fer dans laquelle on emmanchait le bois.*

Page 42 : 1. Γύαλον, *la partie creuse* c'est-à-dire *bombée qui couvrait la poitrine.*

— 2. .... Ἀλλ' αὐτὸς Ἀπόλλων
Αἰνείαν ὤτρυνε,................

Dans Virgile, Apollon apparaît à Énée sous les traits du vieux Butès :

.... Ibat Apollo
Omnia longævo similis, vocemque, coloremque,
Et crines albos, et sæva sonoribus arma,
(Virg., *Énéide*, IX, 649.)

— 3. Κήρυκι. Les fonctions de héraut consistaient à convoquer les assemblées du peuple et à y maintenir l'ordre. Pendant la guerre, ils négociaient avec les ennemis; en temps de paix, ils prenaient soin des sacrifices et des festins. Ils étaient les messagers de Jupiter, qui les avait sous sa protection.

Page 48 : 1. Ὑπ' αἰθέρι, *en plein air*, répond à l'expression latine *sub dio.*

Page 50 : 1. Τοῖς δὲ πανημερίοις ἔριδος........

Cette lutte des Troyens et des Grecs qui se disputent les restes de Patrocle, rappelle les efforts des Latins et des Grecs :

Pro se quisque viri summâ nitantur opum vi;
Nec mora, nec requies; vasto certamine tendunt.
(Virg., *Énéide*, XII, 552.)

Page 56 : 1. Ἵπποι δ' Αἰακίδαο, μάχης ἀπάνευθεν ἐόντες,
κλαῖον,............................

Les coursiers d'Achille pleuraient loin du champ de bataille.

Homère développe un peu plus bas la même pensée; voici les

réflexions que fait Rollin à ce sujet : « Il n'est pas étonnant qu'Homère, qui anime les choses même insensibles, nous représente les chevaux d'Achille si affligés de la mort de Patrocle. Il les peint, après ce funeste accident, tristement immobiles, la tête penchée vers la terre, laissant traîner leurs crins sur la poussière, et versant des larmes en abondance. La description que fait Virgile de la douleur d'un cheval est plus courte et n'est pas moins vive :

> Post bellator equus, positis insignibus, Æthon
> It lacrymans, guttisque humectat grandibus ora.
>
> (Virg., Énéide, XI, 89.)

Pline parle de la sensibilité des chevaux : *Amissos lugent dominos, lacrymasque interdum desiderio fundunt.* (*Histoire Naturelle,* VIII, 64.)

Racine a dit de même sur les chevaux d'Hippolyte, en se rapprochant toutefois de nos idées modernes :

> L'œil morne maintenant et la tête baissée
> Semblaient se conformer à sa triste pensée.
>
> (Racine, *Phèdre,* acte V, sc. VI.)

Page 62 : 1. Ἐφορμηθέντε νόϊ. Nominatif absolu.

Page 70 : 1. Ὡς εἰπὼν, ἐς δίφρον ἑλὼν ἔναρα βροτόεντα
Θῆκ'.................

A ces mots, il place sur le char les dépouilles sanglantes.

De même Turnus suspend à son char la dépouille d'Amycus et de Diorès qui ont succombé sous ses coups :

> .... Curruque abscissa duorum
> Suspendit capita, et rorantia sanguine portat.
>
> (Virg., Énéide, XII, 511.)

Page 16 : 1. Καὶ τότ' ἄρα Κρονίδης......

Virgile représente aussi Jupiter armé de son égide redoutable :

> .... Arcades ipsum
> Credant se vidisse Jovem, quum sæpe nigrantem
> Ægida concuteret dextrâ, nimbosque cieret.
>
> (Virg., Énéide, VIII, 352.)

Page 88 : 1. Ὡς ἔφατ' · Ἀντίλοχος δὲ κατέστυγε, μῦθον ἀκούσας·

Il dit; et Antiloque frémit en entendant ce discours.

La douleur de Turnus n'est pas moins amère que celle d'Antiloque :

> Obstupuit variâ confusus imagine rerum
> Turnus, et obtutu tacito stetit : æstuat ingens
> Imo in corde pudor, mixtoque insania luctu,
> Et furiis agitatus amor, et conscia virtus.
>
> (Virg., Énéide, XII, 665.)

ARGUMENT ANALYTIQUE

DU DIX-HUITIÈME CHANT DE L'ILIADE.

Antiloque vient apporter à Achille la nouvelle de la mort de Patrocle. — Douleur profonde d'Achille, dont les gémissements retentissent jusqu'au sein des eaux. — Thétis arrive aussitôt avec les Néréides pour consoler son fils. — Le voyant animé du désir de la vengeance, elle retarde son impatience guerrière et lui promet pour le lendemain une armure fabriquée par Vulcain. — Elle renvoie toutes les Néréides et se dirige vers l'Olympe. — Pendant ce temps, le combat se ranime autour des restes de Patrocle. — Hector était déjà maître du cadavre, si, poussé par Junon, Achille n'eût jeté l'épouvante parmi les Troyens. — Aux approches de la nuit, les Grecs enlèrent le cadavre, et le portent dans la tente d'Achille. — Les Troyens se rassemblent pour délibérer. — Polydamas leur conseille de rentrer au sein de la ville et de ne pas s'exposer aux fureurs d'Achille. — Ce sage avis est repoussé par Hector. — Les Troyens veillent en armes pendant toute la nuit. — Les Grecs gémissent sur la mort de Patrocle; ils lavent le corps du héros, et le déposent sur un lit funèbre. — Pendant qu'ils se livrent à ces tristes soins, Thétis arrive au palais de Vulcain. — Accueil bienveillant que Vulcain fait à la déesse. — Vulcain forge pour Achille cet immortel bouclier, dont la description couronne la fin de ce chant.

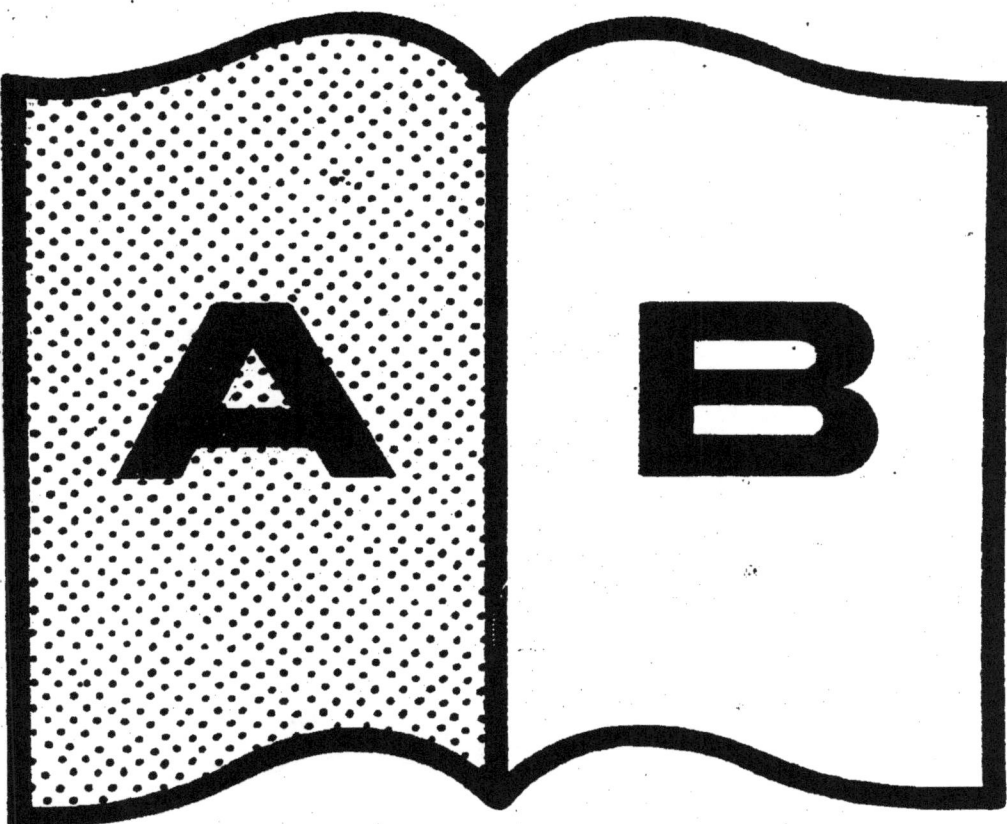

Contraste insuffisant

NF Z 43-120-14

www.ingramcontent.com/pod-product-compliance
Lightning Source LLC
Chambersburg PA
CBHW060632100426
42744CB00008B/1602